本书获重庆社会科学院出版资助

PERSONAL
INFORMATION
PROTECTION
UNDER DIGITAL GOVERNANCE

数字化治理下的个人信息保护

文丰安 著

社会科学文献出版社
SOCIAL SCIENCES ACADEMIC PRESS (CHINA)

目 录

绪 论 ·· 1
  一 研究背景和意义 ··· 1
  二 研究现状与反思 ··· 6
  三 研究思路与框架 ·· 15
  四 研究创新与不足 ·· 18
  五 研究方法 ·· 20

第一章 数字化治理与个人信息 ··· 21
  第一节 数字化治理的理论基础 ······································ 21
  第二节 数字化治理的特征分析 ······································ 33
  第三节 数字化治理时代的个人信息危机 ························ 39

第二章 数字化治理中个人信息识别及安全风险 ················· 54
  第一节 数字化治理中的个人信息识别 ························· 54
  第二节 数字化治理中的个人信息安全风险 ····················· 58
  第三节 个人信息安全风险的生成根源 ··························· 71

第三章 数字化治理中个人信息保护现状及权利冲突 ·········· 74
  第一节 我国及世界多国个人信息的法律保护现状 ······ 74
  第二节 数字化治理中个人信息保护的权利冲突平衡 ··· 93

第四章　数字化治理中个人信息保护的原则及边界 …………104
第一节　数字化治理中个人信息保护的利益衡量及基本原则 ……………104
第二节　数字化治理中个人信息保护的边界划分 ………113

第五章　数字化治理中个人信息保护的可行路径 …………128
第一节　理念重构：个人信息保护范式转型 …………129
第二节　权利保障：个人信息权利的重塑 …………135
第三节　预先防范：个人信息保护中的风险评估与应对策略 …………151
第四节　技术赋能：个人信息保护的技术规制 …………166
第五节　顺应时代：个人信息保护制度体系构建 ………179

结　语 ……………………………………………………202

参考文献 …………………………………………………204

绪　论

一　研究背景和意义

数字化时代的社会治理迎来了全新的发展机遇，"数字+治理"的全新治理模式在提升治理效能和推动社会发展方面展现出巨大潜力和显著优势。在数据驱动模式之下，数字化治理与个人信息的联系更加密切，体现为一种全过程的绑定关系。数据的共享和处理推动社会的全方位变革，也将引发数据泄露进而导致数据滥用、网络诈骗、网络攻击威胁、数据保护与数据共享相悖等现实问题。具体而言，数字化治理中个人信息安全面临的威胁主要来自两个方面。一是技术进步。基于数字化的迅猛发展，个人信息在网络空间中的流动和存储量急剧增加，数据集中可能导致大规模的个人信息泄露。同时，人们在数字化平台上愿意通过提供个人信息的方式来获取丰富的网络资源，商家也会利用信息技术收集和汇总各种个人信息，通过数据化处理定位目标客户群，但并不会十分清晰地告知如何使用这些信息，导致个人信息在未经充分同意或知情的情况下被过度收集和不当使用。不可忽视的是，当技术成为人们社会生活中不可或缺的手段时，个人难以逃脱经营者利益驱动下的短信或电话营销，并且个人信息也会成为不法分子牟利的目标，而无论是基于合法商业活动的信息收集还是非法途径的个人信息获取都侵害了个人信息权益。二是权力扩张。得益于我国电子政务的快速发展，政府对于社会的管理越来越依赖个人信息，个人信息的收集、处理和使用本身构成了公权力运行的重要手段。工商管理、户籍管理、人口普查、医疗卫生、个人信用、教育行政、治安维护、出国出境、打击犯罪等，都会涉及个人信息的收集使用，但是权力扩张可能导致政府部门或其他权力机构过度收集个人信息，超越了维持正常社会秩序和服务公众所需的范围。政府大数据信息库的建设，加之政府各部门之间数据信息共享机制的建立，能够进一步实现对公民上网数据的深度挖掘和剖析，更有可能借助先进的监测技术无限制地扩大对个人信息的监视，如网络监控、大数据分析等，侵犯公民隐私权。由此，权力扩张之下个人信息问题需要多方加以关注。

（一）研究背景

回顾2020年以来全球信息社会的发展状况，新冠疫情突袭而至和新型数字化革命无疑是最大的变量，推动着人类社会发生深刻转型。随着社会信息化程度的不断提升，数字化不再只是经济社会发展的工具性支撑，而是成为一种引领性力量，驱动人类社会的思维方式、组织架构、运作模式发生全局性变革。诚然，从信息保护视角出发，社会治理和个人信息之间秩序构建以及利用方式重塑是数字化治理的重心之一。数据的共享和处理推动社会的全方位变革，也必然会引发数据泄露，从而导致数据滥用、网络诈骗、网络攻击威胁、数据保护与数据共享相悖等方面的现实问题。在这些现实问题面前，我们必须正视数据、重视技术，要努力把握好人与科技的辩证统一，比如声誉与信任、尊严与利益、自主与控制等。如果忽视对技术发展所带来的数据处理新变化、新问题的思考和探讨，那么无论是从经济发展、社会管理还是法律等诸多层面看，无疑都增加了潜在的风险和隐患以及在上述诸多方面的投入成本，进而从数字化的视角来看无法营造出良好的产业发展环境。在这种情况下，数字化治理中的个人权益也就必然会受到影响和侵犯。因此，个人信息安全问题与数据安全，甚至与国家和各级组织安全息息相关。其中，就国家安全层面而言，非法运用数据将会影响国家领导人选举、政局的走向，造成数据泄露，进而引起社会不公平以及种族歧视等，甚至会影响整个行业的安全或者国家的总体安全。而在组织发展的层面，若数据被滥用就会在一定程度上引起股价下跌、物质赔偿等，从而造成直接的经济损失。其所引发的一些法律诉讼也会在一定程度上损害商业声誉，进而会影响企业公信力。而在个体权益的层面，若个体财产安全受到了威胁，其合法权益也就遭到了侵害。

在当前数字化治理转型的背景下，由于大数据以及互联网等科学技术的广泛应用，面对数据流动、共享带来的新挑战，世界各国纷纷在已有制度框架内强化对公民个体权益的制度性保障，寻求对个人信息保护制度的更新迭代，中国也不例外。近些年来，我国为应对数据处理带来的风险挑战颁布了多项法律法规，从规范个人信息处理者的职责和义务，约束数据处理行为等方面来保护个人信息安全。比如，通过颁布《中华人民共和国网络安全法》《中华人民共和国电子商务法》规定网络运营者的职责和义务，规范电商经营者收集、处理用户信息的行为。通过颁布《中华人民共和国民法典》《中华人民共和国著作权法》《中华人民共和国个人信息保护法》《中华人民共和国数据安全法》等法律明确公民删除、更正个人信息的权利，并强化对个人隐私和商业机密的保护，对公民个人信息实现综合保护。从上述情况能够明显看出我国针对信息安全、数据安全等方面制定的法律法规，呈现一种多法律保护的制度框架，这种形式与以美国为代表的"自律型"保护方式有显著不同，其优势之一便是能够集中各领域的法律资源形成个人信息保护的合力。正如党的二十大报告所强调的:"必须坚持守正创新……创新才能把握时代、引领时代。"①故而,应重构人与技术的关系,针对数据技术带来的个人信息安全风险进行系统性分析,不断完善建立新的制度并形成长效机制。只有这样,我们才能在享受数据革命带来的便利和发展机遇的同时,确保个人信息得到充分尊重和有效保护,真正实现从个体中而来的个人信息,最终也用于个体之上,并在此过程中提升政府治理效能。

(二) 研究意义

信息技术带来的颠覆式创新,推动着社会结构、商业模式、公共管理和服务的全面革新。个人数据的流通成为社会发展的普遍需求。对个人信息安全的保护,不能因噎废食地限制产业的发展和必要的公共职能履行,规制措施应当在个人权利、产业利益和国家安全三者间实现动态的平衡。因此,构建适应数字化背景的个人信息保护体系,在运用数据、获得个人信息效益以及保障信息安全中寻求平衡点,是本书的研究宗旨。本书的研究意义具体体现在以下两个方面。

其一,从理论层面来看,有利于丰富个人信息开发利用和保护的理论底蕴。首先,本书从个人信息保护所要实现的隐私权和个人信息自决权出发,深入解读个人信息内涵,提出个人信息的社会性属性,这为数字化转型中个人信息的自由流动和开发利用提供了一定的理论依据。当前,个人信息开发利用的理论基础有待深化,还未在个人数据价值和隐私保护间找到平衡点,学术界的研究也多是从人格权角度来解读个人信息所承载的权利性质。而人格权的封闭性和内生性,已无法适应时代发展的需要,也违

---

① 习近平:《高举中国特色社会主义伟大旗帜 为全面建设社会主义现代化国家而团结奋斗——在中国共产党第二十次全国代表大会上的报告》,人民出版社,2022,第20页。

背了互联网信息运动的规律。其次,本书重构了个人信息权利体系。因为在数字化治理过程中,数据监控经济和数据监控社会将不断深化,要真正实现个人的主体性地位,需要重新探讨由个人信息所衍生的权利归属,为保障公民个人信息权益,促进个人信息的合理开发利用奠定理论基础。最后,本书进一步厘清个人信息保护所面临的困境,比如,在价值层面上,个人隐私与交往需求之间的矛盾、个人隐私与数据流动之间的矛盾、个人信息保护与数字化治理需要之间的矛盾等,构成了个人信息保护的价值困境;在运行机制上,互联网环境中物理边界的模糊化、个人信息开发利用的无序性以及信息本身的可复制性等,构成了个人信息保护的困境。认清这些困境,将有利于确定个人信息保护的方向定位和路径选择。

其二,从实践层面来看,有利于促进个人信息合理开发利用并加强个人信息保护。随着信息化技术的发展,个人信息处理在数字化发展中发挥的作用不容小觑,也催生了数据驱动的新经济。在技术、商业、权力的通力合作之下,个人隐私在大数据社会中面临系统性的安全威胁,对个人信息的保护不能局限于信息的完整性、保密性,更要深度挖掘如何预防在公权力行使和合法商业活动中对个人信息收集和运用过程中所产生的风险。个人信息安全遭受侵害所造成的后果,不仅造成家庭不和、个人财产受损等局部风险,而且正在上升成为一个挑战现实社会管理系统和诚信系统,进而质疑政府执政能力,直接影响社会和谐稳定的紧迫问题。本书立足司法实践,结合一定案例,详细论述个人信息保护与公众言论自由、公众知情权、企业数据权利、商业化利用、社会公共利益保护的矛盾冲突,对公民个人信息利用边界进行分析和提炼,为个人信息的有序利用提供可行性。基于上述分析,本书提出需要从利益平衡、风险预防、超越知情同意三个方面实现个人信息保护范式转型,并从政府、平台企业和公私法互动角度对个人信息保护体系进行构建，比如政府依法监督、明确平台服务商和信息从业者权利义务、探索公私法的互动融合等，为个人信息保护体系构建提供具体参考建议。

二　研究现状与反思

社交网络、移动互联网、云计算、大数据、人工智能、5G等新兴信息技术的应用极大地降低了个人信息的利用成本，提升了个人信息价值，促使围绕个人信息获取、利用和控制的国际竞争日趋激烈。新兴信息技术背景下我国个人信息保护遭遇前所未有的挑战，个人信息保护的内涵得以扩展，获取和泄露个人信息的渠道更多、成本更低，滥用信息的危害更严重，保障个人信息安全已成为各国重要议题，包括欧盟的《一般数据保护条例》、我国的《中华人民共和国网络安全法》《中华人民共和国民法典》《中华人民共和国个人信息保护法》等国内外法律法规都对个人信息保护做出了严格的规定。

在此背景下，国内外高校、研究机构、企业等纷纷掀起了对新兴信息技术背景下个人信息安全风险应对的研究热潮，来自法学、政治学、管理学等各个领域的研究人员共同关注个人信息安全风险应对研究，围绕"个人信息保护法""个人信息保护标准""通过设计保护个人信息""信息安全教育""网络安全宣传周"等问题的研究也日趋深入，一定程度上推动了个人信息安全风险应对实践的开展。概括而言，我国关于个人信息安全保护的法律法规尚不健全，"有法不依、有法难依"的问题依然存在；个人信息控制者缺乏自律，个人信息安全风险预评估机制缺乏，组织信息安全防护水平低；信息安全普及教育和专业教育缺乏，信息安全保护意识淡薄是我国个人信息安全形势严峻的主要原因。目前，已经形成一些针对个人信息保护的研究成果，其中既包括理论研究领域学者专家的著述,也包括实务部门的调研课题和研讨文章。总体而言,现有研究成果主要集中于以下几个方面。

(一) 数字化与个人信息安全风险关系的研究

国外最早关于信息技术和社会发展关系的研究中,比如托夫勒等学者的研究基调一般是关注技术发展带来的社会福利和经济发展契机,而很少考虑它将带来的威胁或负面影响。随着社会经济的发展,个人权利意识逐渐觉醒,人们越来越认识到不断提升的数据收集、存储、处理和应用能力,对个人隐私权产生极大威胁。[1] 正如社会学家斯蒂芬·格拉汉姆 (Stephen Graham) 和大卫·伍德 (David Wood) 所强调,数字化使监控的能力、强度和范围上了一个台阶。[2] 事实上,数字化的发展必然伴随着对公民个人信息的高度集成,从收集个人身份信息、手机号码、位置信息到电话通信录、照片权限、录音功能甚至人脸识别,无不有过度收集信息的嫌疑。我国学术界对于数字化发展与个人信息保护风险关系的研究也主要集中于论述数字技术在当前经济、文化、社会等诸多领域中的应用与融合,而在这个过程中,个人信息因技术的加入而呈现数据化的形态,并在非自愿的情况下被各管理部门在不同场合广泛传递、分享、保存。学者李仪指出,数字化的发展使个人信息的功能得到了拓展。譬如,作为消费者的市民的个人信息被收集,对于经营者和管理者来说是提高经营效率和管理效率的一种方式。[3] 学者展鹏贺等指出,一些基层政府在进行数字化治理制度方面的创新时,过度看重"数据跑路"模式的

---

[1] Flaherty H. David, *Protecting Privacy in Surveillance Societies*, Chapel Hill: University of North Carolina Press, 1989.

[2] Stephen Graham and David Wood, "Digitizing Surveillance: Categorization, Space, Inequality", *Critical Social Policy* Vol. 23 (2), 2003, pp. 227-248.

[3] 李仪:《城市化背景下的市民个人信息保护》,《城市问题》2010年第9期,第98~100页。

效能优势，缺乏在依法行政原则下对公民信息收集的合法性论证，势必引发隐私和个人信息保护方面的隐忧。[①] 张琴强调，在高科技的发展运用中，当城市的核心系统实现互联、信息共享时，个人信息受侵害事件开始多发，公民的信息安全则面临很大风险挑战。[②]

（二）关于个人信息法律属性的研究

在《中华人民共和国个人信息保护法》颁布实施之前，我国对个人信息的保护并非"真空"状态或是"无法可依"，《中华人民共和国民法典》及颁布前的《中华人民共和国民法通则》《中华人民共和国刑法》《中华人民共和国网络安全法》《中华人民共和国消费者权益保护法》等多部法律法规，从不同维度对与个人信息相关范畴进行相应的保护。个人信息包含个人隐私，但个人信息并不完全涉及个人隐私。其中，个人生活中不愿向他人公开、与个人相关且与公共利益无关的个人数据材料被称为隐私。由此，不同的学者对个人信息的法律属性从不同角度进行界定，其界定当然就各不相同，而学术界比较典型的观点就包括"所有权客体说""隐私权客体说"以及"人格权客体说"等。

"所有权客体说"认为，个人信息是一种财产利益，个人信息之上的权利是所有权，信息主体为所有人。波斯纳认为信息主体对他们的信息拥有产权，并应该允许他们就这些拥有产权的信息进行交易。我国有学者就《中华人民共和国个人信息保护法》提出，关于本人权利的规定，应该采取所有权模式。这种观点认为，"个人数据是一种具有潜在价值的信息，个人对该数据享有无可争议的所有权"。再进一步基于个人数据的法律特征来看，

[①] 展鹏贺、罗小坤：《数字政府转型中的个人信息保护风险与立法趋势》，《中国法治政府发展报告（2020）》，社会科学文献出版社，2021，第256~274页。

[②] 张琴：《智慧城市治理中个人信息的权益解析和权利保护》，《南京社会科学》2020年第11期，第93页。

"所有权人均享有对个人资料的占有、使用、收益、处分的权利"[①]。部分学者认为，个人信息虽然不是一种具体人格权，但是与标表型人格权的客体类似，符合无形财产的特点，信息主体对其个人数据享有财产法益而非权利。[②] 也有部分学者反对将个人信息财产权化，认为"财产权"说混淆了人格利益和财产利益，个人信息一样具有财产利益，但不等同于财产权，且财产权的认定并不能解决大数据时代背景下信息交易中对个人信息的保护问题。[③] 例如，丁晓东反对赋予个人信息以财产权，认为应平衡个人信息收集、处理和流通中的个体预期与社会预期，强调发挥个人信息的公共性价值与风险防范的个人信息保护进路。[④]

"隐私权客体说"强调个人信息是隐私权的重要组成部分，是隐私利益的具体表现形式。此种保护模式主要是基于美国法语境下的"隐私"概念。有学者认为，个人信息保护的逻辑基础乃是保障隐私权，因此，在一般语境下，隐私权与个人信息保护概念可以互换使用。[⑤] 也有学者指出，个人信息权益与隐私权既有联系也有区别，二者在适用规则上有共通之处。个人信息中有些属于私密信息，但也存在许多公开的个人信息，如姓名、工作单位、电话号码等，难以归入个人隐私范畴，但个人应当对这些信息享有一定的控制权。此外，隐私权保护的重点在于保密，而个人信息保护的重点则在于个体信息权益的保护与信息流通和使用

[①] 汤擎：《试论个人数据与相关的法律关系》，《华东政法学院学报》2000年第5期，第45~69页。
[②] 任丹丽：《民法典框架下个人数据财产法益的体系构建》，《法学论坛》2021年第2期，第89~98页。
[③] 洪海林：《个人信息的民法保护研究》，法律出版社，2010，第70~73页。
[④] 丁晓东：《论个人信息法律保护的思想渊源与基本原理——基于"公平信息实践"的分析》，《现代法学》2019年第3期，第96~110页。
[⑤] 周汉华：《中华人民共和国个人信息保护法（专家建议稿）及立法研究报告》，法律出版社，2006，第30页。

之间的关系。①

"人格权客体说"以德国法为代表,强调个人信息体现的是一种人格利益,因此应运用人格权的保护模式来保护个人信息。②我国学界普遍认为个人信息涉及自然人的人格尊严和人格自由,个人信息权应属于一般人格权范畴。个人信息具有可识别性,能识别特定人的信息,恰巧所反映的就是人格特征。其中,一般信息和隐私信息均与个人人格形成与发展有关,皆为人格要素。法律对于个人信息的保护,本质上是保护其人格利益。学者洪海林认为,人格利益是个人信息保护的核心价值取向。个人信息所承载的人格利益内涵丰富,包括隐私权、肖像权等。信息主体的人格利益保护应以一般人格权为依据,赋予信息主体以新的具体人格权,从而实现对人格利益的全面直接保护。③也有学者强调由于个人信息所承载的利益包括人格利益和财产利益,因此对其保护也应对人格权和财产权进行双重保护。④

(三) 关于个人信息利用边界的研究

在信息化时代下,我国对个人信息保护的法律体系逐步走向体系化,并呈现刑法、民法、行政法齐头并进的趋势。其中,我国刑事立法通过更新司法解释、出台修正案等方式扩大个人信息保护范围,《民法总则》把个人信息权列为民事权利,行政法方面则制定了系列行政法规保护个人信息。综观个人信息保护的法律保护现状,存在明显短板:侧重于对个人信息获取行为进行规

---

① 王利明:《隐私权概念的再界定》,《法学家》2012年第1期,第108~120、178页。
② 德国1990年修改的个人资料保护法第一章《一般条款》第一条规定:本法旨在保护个人的人格权,使其不因个人资料的处置而遭受侵害。该法的目的是保护个人人格权在个人信息处理时免受侵害。
③ 洪海林:《个人信息的民法保护研究》,法律出版社,2010,第39页。
④ 龙卫球:《数据新型财产权构建及其体系研究》,《政法论坛》2017年第4期,第63~77页。

制，而忽略对个人信息处理行为的约束，尤其是关于行政部门对个人信息的使用问题更是不甚关注。对此，学界也有诸多探讨。张新宝从权力制约角度认为政府不能过度收集和处理个人信息，对个人信息法律保护制度的发展始终伴随着对政府权力的限制。[1] 林鸿潮认为，商业机构和政府对个人信息的利用应遵守有区别的法律保留原则，商业机构对个人信息的利用应以约定为基础，而政府则应获得法律授权才能实现对个人信息的利用。[2] 杨芳则认为，对于个人信息的收集、处理和运用行为，我国在个人信息保护立法上要依据对象的不同，合理把握松紧程度。[3] 叶敏指出，个人信息的利用是大势所趋，与其禁止不如疏导，规则的制定主要是在利用与保护之间寻找平衡，应加强对信息利用主体的义务规定，确定"去身份化+审慎使用"的规则体系，要求其承担主动的信息匿名化处理、信息防泄露等义务。[4] 江波等学者认为大数据时代个人信息合理使用的原则应借鉴著作权法的合理使用原则，并在制度中设定数据安全管理、个人信息风险评估、个人参与和控制等相应的规则。[5] 学者周永刚等依据《民法典》关于个人信息立法的基本原则——合理平衡保护个人信息与维护公共利益之间的关系，提出对企业的产品技术创新、商业模式创新中收集利用个人信息行为，保持必要的宽容度，支持大数据背景下新业态

---

[1] 张新宝：《从隐私到个人信息：利益再衡量的理论与制度安排》，《中国法学》2015年第3期，第38~58页。
[2] 林鸿潮：《个人信息在社会风险治理中的利用及其限制》，《政治与法律》2018年第4期，第2~14页。
[3] 杨芳：《我国个人信息保护法立法模式思考》，《云南大学学报（法学版）》2016年第4期，第85~91页。
[4] 叶敏：《个人信息商业利用的正当性与民法规则构想》，《中国高校社会科学》2018年第4期，第142~150页。
[5] 江波、张亚男：《大数据语境下的个人信息合理使用原则》，《交大法学》2018年第3期，第108~121页。

对个人信息的合理运用,为经济社会发展提供有力的法治保障。[1]

(四) 对于个人信息保护困境的研究

由于个人信息数据具有重要价值,个人信息数据成为众多违法行为的目标。信息化时代的发展,数据互联共享以及数据的再识别使个人信息的可识别范围不断扩大,法律边界问题开始凸显,个人信息的保护面临诸多挑战。对此,部分学者进行了深入研究。李媛指出,其一,当前我国个人信息保护的现状不容乐观,立法碎片化、法律位阶低,对侵害个人信息行为的惩处力度不够,且缺乏专门数据保护机构,减损了信息保护的法律权威和有效性。其二,云计算的发展对个人信息的保护提出了重大挑战,现阶段存在法律滞后于技术发展的问题。其三,政府巨型数据库间的信息共享对公民个人信息保护构成威胁。[2] 胡修昊认为,明确权属关系是保护个人信息的重要基础,但在涉及多个数据运营者的情况下,数据权利的边界难以划分清楚,为个人信息保护带来挑战。[3] 刘雅琦指出,信息主体对其个人信息保护的隐私要求与政府及商业机构对个人信息开发的利益需求,以及政府机构的监管如何达到平衡是难点之一。[4] 罗力认为,长期的和平环境淡化了公民的信息安全风险防范意识,公民个人信息安全素养不足、个人信息控制者缺乏自律成为个人信息保护面临的主要困境。[5]

---

[1] 周永刚、王自成、张晓波:《"刑民一体化"思路下个人信息司法保护体系构建——以四川省南充市为样本》,《中国司法制度发展报告(2020)》,社会科学文献出版社,2021,第171~184页。

[2] 李媛:《大数据时代个人信息保护研究》,华中科技大学出版社,2019,第41~45页。

[3] 胡修昊:《大数据时代个人信息数据保护发展研究》,《中国移动互联网发展报告(2020)》,社会科学文献出版社,2020,第321~327页。

[4] 刘雅琦:《大数据环境下基于个体识别风险的个人信息利用研究》,武汉大学出版社,2021,第186页。

[5] 罗力:《新兴信息技术背景下我国个人信息安全保护体系研究》,上海社会科学院出版社,2020,第41~42页。

丁宇翔指出，大数据技术加持之下的共享经营平台存在侵犯个人信息权益的高度风险，这些风险几乎在个人信息的全生命周期都存在。同时指出，媒体所热捧的区块链能彻底解决隐私保护问题的所谓"优势"不完全属实。从技术特点看，在个人信息保护方面，区块链技术会带来如下挑战：一是链上信息的难以篡改直接导致信息主体更正权利的落空；二是链上信息的不可擦除也会导致信息主体删除权利的落空；三是区块链用户个人信息的匿名保护并非无懈可击，一旦链上信息被破解，去中心化程度越高，个人信息泄露的范围就越广。[1]崔聪聪等从个人信息侵权救济层面指出，个人信息保护面临的困境在于损害赔偿数额难以计算、举证责任制度不利于网民维权、缺乏集体诉讼机制等。[2]《中国信息安全从业人员现状调研报告（2018—2019年度）》指出，在信息保护领域，除了从业人员短缺问题，人员能力提升难题、信息安全职业化程度低等问题也是存在的突出问题。[3]

（五）关于个人信息保护体系构建的研究

在这个信息技术飞速发展的时代，频发的个人信息泄露事件使个人信息保护体系的构建成为政府部门和学术界关注的焦点。王忠等认为，大数据时代个人信息保护要建立完善的个人数据溯源管理体系，分别是技术支撑体系、政策法规保障体系、追踪溯源管理平台。[4]孔祥稳从行政执法角度出发，强调应当进一步明确个人信息保护行政执法的体制和职权分配，建议按照部委管理

---

[1] 丁宇翔：《个人信息保护纠纷理论解释与裁判实务》，中国法制出版社，2021，第274~275页。

[2] 崔聪聪、巩珊珊等：《个人信息保护法研究》，北京邮电大学出版社，2015，第162~164页。

[3]《中国信息安全从业人员现状调研报告（2018—2019年度）》，2019年9月6日，中国信息安全测评中心网站，http://www.itsec.gov.cn/zxxw/201909/t20190906_36022.html。

[4] 殷建立、王忠：《大数据环境下个人数据溯源管理体系研究》，《情报科学》2016年第2期，第139~143页。

的国家局模式，设立个人信息保护机构，并在横向配置上尽量体现机构的独立性。[1] 付晓宇指出，鉴于我国个人信息保护面临的严峻局面，应当建立具有中国特色的个人信息保护体系，既需要严厉的法律，又需要广泛的行业自律，建立国家、社会、企业和公民个人共同参与、职责明确、协调互动的立体保护体系。[2] 王忠等基于利益相关者视角，通过权力利益矩阵分析，提出构建多元主体协同治理机制，并针对核心利益相关者、直接间接利益相关者分别建立竞争性治理机制和激励性治理机制。[3] 姚岳绒强调个人信息保护这一行为应有一定的行为逻辑及相应结构。个人信息保护的途径选择既要积极吸取域外的成功经验，又要符合我国的实际情况。[4] 张新宝教授认为未来我国《个人信息保护法》应当将"两头强化、三方平衡"理论作为其理论基础，并以此为指导构建个人信息保护与利用的相关制度，强化对"个人敏感隐私信息"的保护和"个人一般信息"的利用，以满足从事商业活动者和国家利用个人信息的正当需求，从而实现"三方平衡"。[5]

尼古拉斯·卡尔曾言：每一项技术都是人类意愿的表达，我们通过工具延展我们的力量，控制周围的一切[6]。然而，技术的副作用往往超越技术发明者的想象。技术的价值不仅在于其使用

---

[1] 孔祥稳：《个人信息保护的行政执法机制研究》，《中国法治政府发展报告（2020）》，社会科学文献出版社，2021，第261~276页。

[2] 付晓宇：《个人信息保护及体系构建》，天津科学技术出版社，2017，第7~8页。

[3] 王忠、殷建立：《大数据环境下个人数据隐私治理机制研究——基于利益相关者视角》，《技术经济与管理研究》2014年第8期，第71~74页。

[4] 姚岳绒认为，国家保护公民个人信息行为的逻辑结构包含三个层次的内容：一是国家保护公民个人信息的最佳状态是权利与权力的平衡；二是国家保护公民个人信息有两个基准，即公民权利足以制约国家权力，以及国家权力足以防止公民权利的滥用；三是国家保护公民个人信息的立足点是增加法权总量。

[5] 张新宝：《从隐私到个人信息：利益再衡量的理论与制度安排》，《中国法学》2015年第3期，第38~58页。

[6] 〔美〕尼古拉斯·卡尔：《浅薄——互联网如何毒化了我们的大脑》，刘纯毅译，中信出版社，2010。

的方式，更在于对技术支持下的权力与权利的合理限制。如何协调人与技术的关系、如何将技术限制在尊重人类福祉的框架中发展进步是需要不断追问和反思的问题。从研究现状来看，学者们对个人信息保护的重要性形成了共识，研究内容也主要集中在个人信息的法律属性、大数据时代面临的个人信息安全风险及个人隐私侵害等困境以及个人与网络运营者、数据控制者的权利义务关系等方面，针对个人信息保护也提出了一些具体对策。总体来说，虽然个人信息安全问题已经引起了国内外监管部门和众多学者的关注，现有研究成果也不少，但大部分研究主要集中于法律和技术领域，比较缺乏对拥有大量个人信息的政府和信息服务运营商的管理制度和流程进行深入的研究，亦缺乏对大数据时代个人信息安全风险的系统性分析，尤其是在数字化转型中，非公开的通信监控措施、政府数据库的建设和互联共享、一些风险预防性的警务活动等方面，都出现了个人隐私权与个人信息被过度利用的激烈冲突，而学界鲜有基于个人权利、国家利益平衡角度对个人信息保护进行研究。毋庸置疑，数字化转型中对个人信息的收集、分析、利用和预测都呈现最大化趋势，如果个人数据被滥用，不仅对个人的自主性产生威胁，也对国家安全生产造成重大影响。因此，对个人信息的保护需要以此为切入点，对商业利益、个人权利、社会公共利益冲突下的规制模式和各方利益平衡进行深入分析，以更好地回应现实生活中个人信息保护的实际需求。

三 研究思路与框架

在数字化治理中，大数据技术被广泛应用于政府公共管理和执法活动中，引发了"数字监控社会"的担忧；数字经济的发展、商业活动对个人信息的利用等，同样对个人信息自主性产生重大影响。也就是说，当前的个人信息安全和保护已不再是简单物理层面的系统与数据保密，而是要紧密结合信息技术变革这个时代背景，要考虑个人、社会与国家方面由信息权利（权力）的不对称性带来的风险和困境。基于此研究背景，在理解科技发展和社会发展变迁内在逻辑的基础上，本书从概念梳理、环境描述、规则构建三大方面进行结构布局，以期在"是什么、为什么、怎么办"三个层面对大数据带来的新技术和社会形态引发的系统性风险等进行有益回应，并提供理论支撑。基于上述思考，本研究将从以下方面展开论述。

一是概括数字化治理与个人信息。社会治理的每一次推陈出新大都与科学技术的发展紧密相关。在此背景下，数字化治理成为现代社会治理的新模式。数字化治理是基于"以人为本"理念，综合运用大数据、云计算、人工智能等新型科学技术，以数据为驱动提升社会治理成效的系列活动。随着技术的日益成熟和普及，数字化治理在经济、社会、文化、生态等诸多方面表现良好，同时在上述领域中愈加呈现与个人信息的紧密联系。进行数字化治理中个人信息保护研究，首先需要对研究背景进行清晰认知，特别是要认识到数字化治理中数据的重要作用，以及由数据带来的关乎个人信息保护等一系列潜在风险。数字化治理的典型特征就是大数据，大数据对个人信息的采集和收集现象普遍存在，且随着信息技术的发展变得愈加隐蔽和密集。在某种意义上，以个人数据为重要载体的个人信息是数字化时代的基础和核心，以数据的形式对个人信息进行采集、分析和应用也是当前数字化时代带给社会的最主要红利。

二是探讨数字化治理中的个人信息安全风险。当前，我国社会治理正由传统治理转入以数据信息深度挖掘和运用为主要特征的发展阶段，伴随信息化系统的深入应用，大量涉及个人生命财产的数据进入数字世界，单纯依赖不断创新的信息保护技术，还难以实现全面有效的安全保障，且会进一步引发社会法律、伦理、道德等方面更多风险。具体来说，存在着数据监控问题、信息力量失衡问题、数据汇聚隐患问题以及行政方式变革所带来的新问题等，这些都从不同层面影响到个人信息安全，给个人信息带来潜在风险。在个人信息保护和数字化治理的博弈中，造成个人信息安全风险的原因主要有个人信息保护观念发展不成熟、政府行政权力的惯性、个人信息保护法制建设不完善等。

三是梳理数字化治理中我国个人信息保护现状及面临的权益冲突。现有的法律体系为个人信息保护提供了若干机制，既有主动的行政执法机制，也有被动的司法保护机制。在司法保护机制中，既有严厉且更侧重于保护社会管理秩序的刑事司法机制，也有较为缓和但侧重恢复受害人权益状态的民事司法机制。通过实证分析个人信息保护中的权益冲突，认清当前个人信息保护面临巨大挑战的现实困境，同时明确数字化治理过程中的个人信息保护的价值取向是公共利益与私人利益的平衡。即政府在治理过程中必须以保护信息主体对个人信息的自主控制为本位，既要保护公民的个人信息，也要做到不侵犯个人信息权益。

四是厘清数字化治理中个人信息保护的原则和边界。数字化治理中个人信息的保护需要遵循一定的原则，坚持利益衡量这一基本方法。要确认所有相关利益主张，平等考虑所有相关利益以及以实现利益最大化为目标。《个人信息保护法》的实施，进一步明确了对个人信息权益的保护，规范了个人信息处理活动，并亮明了个人信息处理的底线或红线，其中鲜明地提出了在个人信息保护中应对权益冲突、处理个人信息时需要遵循的一些基本原则。同时，信息社会的兴起改变了人类的社会生活方式，也极大地转变了社会治理的手段和模式。在这种情况下，对于个人信息不应当仍是消极的不受侵扰的权能保护，而应当是个人主动掌控自己的个人信息。数字化治理中，严格规制公权力行使，明确个人信息保护边界，有利于确保在个人信息不受非法侵犯的同时，运用合法的手段，以公共利益为目的促进个人信息的合理利用。

五是提出数字化治理中个人信息保护的可行路径。基于前述分析，在理解大数据发展和社会治理变迁内在逻辑基础上，提出数字化治理中个人信息保护的实践路径，以回应数字化治理过程中引发的个人信息安全风险。具体而言，要从保护目标、保护理念、保护路径等方面入手，实现个人信息保护的范式转型；要通过个人信息自决权的制度设计、个人信息财产权利的引入、个人信息隐私权益的保护等方面实现个人信息权利体系的重塑；要通过综合分析、评估管理，加强个人信息保护中的风险防范；要把握好个人信息保护的技术规制手段，用好隐私计算等技术；要在健全政府数据保护制度、完善企业合规制度体系、强化公法与私法的互动中，努力构建个人信息保护制度体系。

四 研究创新与不足

一是从数字化治理视角对个人信息保护价值及面临的安全风险进行再认识。数字化转型背景下，公民自身失去了对个人信息存储、处理的自主控制权。个体对自身的一般信息和隐私信息何时被收集、被处理和被分享一无所知。大数据信息处理、监控的滥用使个体对于商业行为和行政部门的自我保护的范围不断缩小，甚至导致个人隐私数据的失守。数字化治理带来新的社会风险，而如何防范、规避风险需要我们把个人信息的核心价值和传统隐私权放在技术进步和社会变革的新时代背景下重新审视，构建合理有效的规制体系。与此同时，数字化背景下，促进个人信息的自由流通仍然是个人信息保护的基本目标。本书结合个人信息保护制度以及立法的演变过程，通过比较法视野、法社会学、制度经济学等多角度、多学科考察，从个人信息安全所要实现的隐私权和个人信息自决权出发，在深刻理解数字化转型背景的基础上，从个人权利、产业利益和国家安全的均衡保障角度，对个人信息保护的价值及信息安全风险进行深入剖析，为进一步完善立法提供理论基础。

二是结合实证重构个人信息权利体系，加强个人信息安全风险规制和技术规制，完善个人信息保护体系建设。现有的法律体系赋予个人信息主体多项权利，比如2017年实施的《中华人民共和国网络安全法》搭建了个人信息主体的权利框架；2020年颁布的《中华人民共和国民法典》为个人信息在人格权篇中找到了权利定位，强调个人信息作为受保护的民事权益和人格尊严的基本权利；2015年《中华人民共和国刑法修正案（九）》对侵害个人信息的犯罪行为实施惩戒；2021年颁布的《中华人民共和国个人信息保护法》，进一步强化个人信息安全监管与治理。这些法律法规的颁布和出台为数字化转型中个人信息的利用与保护奠定了法律基础。但数字化发展过程中，个人信息利用侵权行为层出不穷，需要在立法中进一步明确数据开发者和控制者应当承担的保护责任和义务。对此本书立足司法实践现状和个人信息民法保护的前沿理论，围绕当前个人信息保护的法律框架和权益冲突，探索重构个人信息权利体系，并构建个人信息安全保护的风险规制和技术规制的全新路径。

个人信息保护问题就是在技术发展进程中产生与我们每个社会人都息息相关的问题。本书是在数字化转型的背景框架之下，探讨新形势下的个人信息保护。但鉴于个人信息涉及生活领域之广、权利体系之复杂，且本人能力水平有限，本书尚存在诸多不足之处。比如，本书试图重构个人信息保护的权利体系，以便提供个人信息保护民事权利配置方案，只是论证了个人信息所衍生的人格权、财产权等应赋予何种保护，但对权利的救济论述不够充分。再如，对司法实践判例的引用和分析较为浅显，缺乏深度的对裁判尺度、裁判规律的总结。这些不足之处，还需深入研究解决。

五 研究方法

(一) 实证分析法

主要关注国内与研究主题相关的司法案例,通过对个案的分析,总结个人信息保护案件的司法裁判规则,研究个人信息司法保护的实践效果,理解立法和司法的"实然"状态,为我国在个人信息保护方面的"应然"状态研究奠定基础。

(二) 文献分析法

广泛收集国内外关于个人信息保护方面的学术论文、研究报告、年鉴、皮书、立法成果等资料,厘清脉络、梳理思路,从中选取适合本书研究的相关信息和数据,并对此做出恰当的分析应用。

(三) 历史研究法

分析个人信息概念产生的历史缘由、立法背景等,同时对个人信息保护的立法作纵向的观察,以便更深刻解读不同时代背景下个人信息概念和内涵的发展变化以及国家对个人信息保护立法的努力方向。

第一章　数字化治理与个人信息

近年来，由于现代科学技术的发展，各种科技的应用带动了经济社会的发展，尤其是互联网、大数据和人工智能的广泛应用，使经济社会发生了数字信息技术的革命，从而推动社会治理进入了一个崭新的数字化时代。数字化治理成为现代社会治理的新模式。而在数字化治理中，个人信息扮演着不可替代的重要角色，并在"被数据化"的过程中带来一系列潜在风险，需要我们给予足够重视、提高警惕，这将有助于我们更好地运用"数字化"工具推动实现社会"善治"。

第一节　数字化治理的理论基础

社会治理的每一次推陈出新大都与科学技术的发展紧密相关。信息环境和数据基础的变化不光为人工智能的发展突破奠定了基础，更是助推了经济全球化和政治多极化的进程，在推动治理现代化中的作用与影响日益凸显。我国的社会治理长期困囿于陈旧的治理理念与模式中，各种"城市病"层出不穷。与先前单一学科发展对社会治理的推动不同，大数据技术从全方位革新了社会治理，"互联网+现代治理"思维模式为治理现代化提供了重大历史机遇。在数字重塑社会形态、经济运行模式，给公众生活带来便利的同时，也渐渐威胁着传统的治理模式。如何提高数字治理水平、如何解决数字经济治理问题等已经成为数字经济时代发展的重要议题。党的十九大明确提出"必须坚持和完善中国特色社会主义制度,不断推进国家治理体系和治理能力现代化"[①],这要求我们必须顺应信息化发展的背景进行国家治理体系与治理能力现代化的建设,持续提升数字化治理水平。

一 现代社会的特征及发展问题

现代社会的产生与发展展现了人类社会从草莽未辟的蒙昧状态走向现代文明的历程。从社会的发展演变规律来看,社会的发展深受经济、文化、科学技术等多种因素影响,是国家政治、经济、文化、科技、教育诸方面活动的中心。从社会视角来看,城市更是一个更高集聚度的创新要素、更高混合度的建筑功能体、更高密度的交流交往之互动熔炉,表现出与乡村社会不尽一致的社会特征。主要体现为:一是高密度的人口数量。适宜的人口规模是经济社会发展的前提,比如北京、上海等特大城市的人口数量已达到千万级规模。高密度的人口空间分布在使城市具备规模效应的同时,也成为引发密集型社会互动及相关社会问题的基本要素。二是复杂多元的社会结构体系。正是因为城市具有巨大的人口数量,从而造就了更加复杂的社会结构体系,包括产业结构、种族结构、就业结构、收入结构、消费方式结构等,存在显著的文化多样性和异质性特征,不同种族、职业、文化多元并存,容易产生个体化倾向以及冷漠无情的竞争现象。三是拥有高度的开放性、包容性和创新性。信息技术的发展和交通工具的革新使城市发展具有极大程度的开放性和流动性,吸引并包容着来自不同地区、不同民族的多元文化,相互交流融合,加快了创新

---

① 习近平:《习近平谈治国理政》第三卷,外文出版社,2020,第17页。

企业、青年人才集聚的步伐，最终形成了具有持续创新发展的内生驱动力量。

具有人口规模大、人口密度高、文化多元化特征的城市必然会因资源分配、机会分配、消费方式、文化差异等因素导致利益冲突加剧，导致现代社会治理面临严峻挑战，包括人口贫困、人口老龄化、社会资源分配不均、社会犯罪及公共安全危机加剧等，其中最为突出的是公共服务短缺问题，难以满足人民日益增长的美好生活需要，也加大了社会精细化管理的难度。比如，在交通服务方面，由于人口密集与道路规划不够科学，交通严重拥堵，出行成为困扰人们日常生活的重大问题，严重影响人们生活的愉悦感。此外，公共安全问题、社会综合治理问题也构成了现代社会良性运行的挑战。

现代城市是一个国家先进生产关系和生产力的所在地，是国家经济发展的重要引擎。作为多要素高度集聚的具有复杂性、不确定性的系统，现代社会必须得到有效治理。我国社会发展十分迅速，发展过程中也暴露出诸多问题，如交通堵塞、空气污染等，成为制约居民舒适宜居的主要短板。因而，如何充分利用现代社会优势，发挥资源禀赋，深化改革与创新社会治理体系，成为未来社会发展的重要议题。

二 社会治理的使命与体制变迁

英国公共政策学者肖特指出，现代城市的"构成元素是千变万化的图景、应接不暇的资讯和争执不休的利益冲突"，因此在面对这些复杂的要素、关系时，我们理应做出一种努力，即通过一种"秩序"实现要素的整合。[①] 简言之，现代社会是一个复杂

---

① 〔英〕约翰·伦尼·肖特：《城市秩序：城市、文化与权力导论》，郑娟、梁捷译，上海人民出版社，2011，第3页。

的系统,要把复杂的要素按照一定的规范管理起来,就需要建立一套秩序体系,而找寻这种适合并可行的秩序体系,就是现代社会治理要做的。社会治理就是社会各治理主体通过决策、组织、指挥等手段,对社会公共事务进行有效管理,使现代社会发展井然有序。在治理过程中,要以多元主体(包括行政机关、社区和社会组织、企事业单位、市民等)共同参与为核心,以制度建设(包括信息公开制度、治理组织制度、政府决策制度、公众参与制度、社会监督制度以及执法制度等)为保障,以治理机制建构(包括综合协调机制、激励机制、约束机制、设施管养作业机制、公共危机处置机制等)为主体,以上各要素组成了社会治理的基本结构与实现路径。

一般而言,社会治理主要承载两个方面的基本使命:一是提供优质的公共服务体系,满足市民更高水平的公共服务需求。优质的公共服务是现代社会中一个地区竞争力的核心要素。社会要将提供优质的公共服务定位于保障新旧动能转换、方便群众办事创业、提升人民群众获得感的"推进器"。具体而言,社会公共服务体系主要包括各类交通设施和运输网络、各类交通通道等物质性基础设施和教育、就业、住房、卫生、体育等非物质性服务项目。二是形成可持续的公共服务财力供给机制,不断优化公共服务水平。公共服务需要资金的支持,优质的公共服务更加需要稳定的资金作为保障。社会治理要不断完善公共服务财力保障机制,拓宽资金来源,有效发挥财政资金的撬动作用,引导大量社会资金进入城市发展领域,增强政府财政保障能力,稳定基本公共服务投入。

自20世纪30年代引入"社区"概念起,我国现代城市治理体制经历了从"单位制"向"社会制"转变的过程。单位制是为适应计划经济而设立的一种独特的制度安排,奠定了计划经济时代的全面控制型社会秩序,国家几乎垄断了全部经济社会资源,并通过单位进行集中分配，单位成为单位成员唯一的生活福利来源。单位制限制了成员的生活空间，成员只能全面依附单位，从而塑造了个人的依赖型人格。随着改革开放的推进，政府通过单位控制社会的基础发生了动摇，单位制的管理职能外移，由街道居委会来承接。

20世纪80年代后期，城市行政开始强化属地管理，街居制成为城市社会管理的主导性制度，街道办事处根据政府授权履行相关职责，面向居民提供公共服务，并负责监管重点和敏感人群。在经济转轨过程中，城市基层社会管理的各方面工作都要求街道办事处承担。为此，街道办事处不仅要承担基于基层部门的行政工作，履行相应职责，还要为辖区民众提供困难生活救助、社会福利、便民服务等各种公共服务内容。20世纪90年代，"社区建设"开始兴起，目的是培育基层民主，加强基层政权建设和行政管理。[①] 基于此，全国各地纷纷围绕提供社会服务和实现社会自治进行社会治理体制创新。随着社会改革和治理工作的持续深入，我国已经逐渐形成了一整套社会服务体系，即以城乡基层党组织为核心领导，地方政府部门主动作为，社会各方力量积极参与、通力合作，共同推进社会治理现代化行稳致远。

从社会治理体制变迁历史来看，我国社会治理体制的变革主要以社区民主自治建设为主线推进。党的十九大要求加强社会治理制度建设，完善社会治理体制。党的十九届五中全会提出要完善社会治理制度，创新社会治理。当社会治理与生活实践出现"断裂带"，群众诉求层次高、利益多元化、现代社会复杂化、矛盾多样化，如何构建既满足人民群众需求又实现有效治理的体制，成为新时代社会治理的核心所在。在新一轮科技革命和产业

---

① 厉云飞、黄瑞瑞：《选聘分离：我国城市社区治理的体制创新——以宁波海曙区为例》，《宁波大学学报（人文科学版）》2009年第6期，第94~98页。

变革大背景下，数字经济蓬勃发展，数字技术与社会治理深度融合，借力数字技术辅助源头治理、依法治理、综合治理，为社会治理现代化提供了源源不断的创新活力，推动社会治理体制实现从"总体—支配型"到"制度—技术型"再到"系统—协同型"的转变，达到"善治"乃至"善智"。

三 数字化治理的内涵界定

数字技术的发展推动了社会治理全方位的变革，政府需要全面提升信息的有效性，通过提取关键有效信息、过滤无效误导信息，及时进行信息公开和相关数据的公开，通过对典型案例的全面剖析，形成系统性、逻辑性、实用性较强的案例库以便指导管理工作。"政府的一元意志与社会各个阶层之间的多元诉求是国家治理的重点。"① 对此，有必要通过深度挖掘数据资源，了解民情体贴民意，大力整合多元社会治理诉求，完善社会治理体系。

中国信息通信研究院根据数字经济的时代特点和发展规律，从生产力的角度提出了数字产业化、产业数字化，即数字经济"两化"框架；随着社会形态的显著变迁，基于生产力与生产关系的视角，在原有"两化"结构的基础上，增加了数字化治理，即形成了数字经济"三化"框架②。具体框架如图1-1。

学者黄建伟、陈玲玲对数字化治理做出界定：数字化治理即为电子治理，是数字时代的先进治理模式，它是继电子商务、电子政务之后出现的。数字治理有广义的数字化治理和狭义的数字化治理之分，具体概念及区分如表1-1所示。

---

① 李良荣：《网络数据把握民情民意的进路》，《南方日报》2016年3月31日。
② 该研究院于2020年发布的白皮书中进一步推出了"四化"框架，但此处主要借"三化"框架思路引出后续研究。

```
                    ┌─────────────────────┐
                    │  数字经济"三化"框架  │
                    └──────────┬──────────┘
                               ↓
        ┌──────────────────────┼──────────────────────┐
        ↓                      ↓                      ↓
┌───────────────┐      ┌───────────────┐      ┌───────────────┐
│  数字产业化    │      │  产业数字化    │      │  数字化治理    │
└───────┬───────┘      └───────┬───────┘      └───────┬───────┘
┌───────────────┐      ┌───────────────┐      ┌───────────────┐
│  基础电信业    │      │  农业数字化    │      │  多主体参与    │
│  电子信息业    │      │  工业数字化    │      │  数字技术+治理 │
│ 软件和信息服务业│      │ 服务业数字化   │      │ 数字化公共管理 │
└───────────────┘      └───────────────┘      └───────────────┘
```

图 1-1　数字经济"三化"框架

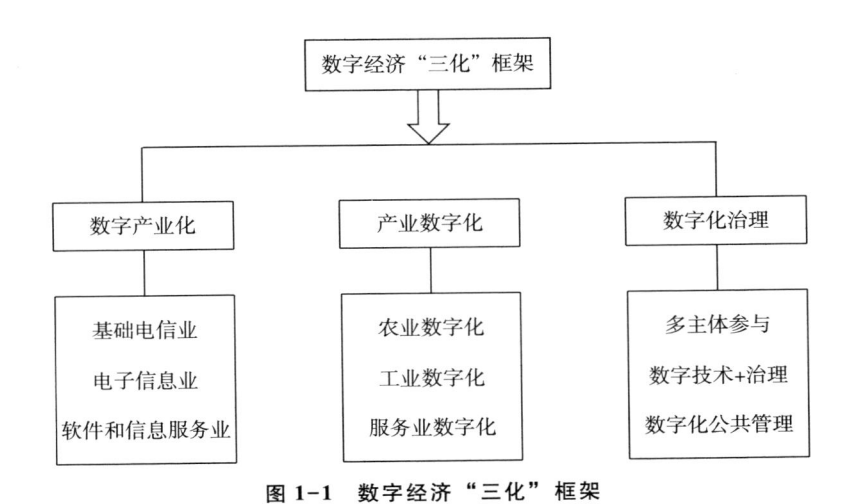

表 1-1　数字化治理概念

范围	数字化治理内涵
广义	数字化治理并非机械地将大数据、云计算等新型信息技术运用于公共事务中，而是与社会组织、政治组织及它们相应的活动有机结合。它包括对经济和社会资源的综合治理，涉及政府公共管理过程的一系列活动
狭义	数字化治理是指在社会经济活动中充分依托新型信息技术的力量，通过科技手段重塑政府等组织部门的工作程序，提高办事效率，并通过多元主体的参与，提高民主化程度的一种治理模式。其涉及政府与群众、政府与政府、政府与企业之间的互动与合作三个层次

总的来说，数字化治理的核心在于依托迅速发展的新兴技术，融合治理理论，并且由以政府为权力中心转向以公民为中心，政府、社会、企业、公民协同参与的一种新型治理模式，或者说是一种包含多元主体参与、开放的社会治理体系。基于上述相关的概念，可以在此进一步明确当前数字化治理的核心内容。

（一）以释放数据价值为基础目标

其实，数据本身不能直接体现出价值，当一堆数据以数字、符号的形式罗列堆放时，如同未经开采的矿石，想要激活其中的价值就必须让数据"活"起来，要将数据置于收集、处理、分析和应用的全过程中。对政府来说，有效的数据能帮助政府进行更加科学有效的决策，例如舆情监控、业绩考核、风险预警等，进而提升政府的服务力。对社会来说，有效的数据能应用到治理的各个方面，例如整合公共安全信息、环境卫生信息等，使公民参与度不断提高，进而提升社会的创造力。因此，数字化治理的基础目标是通过系统化、规范化、标准化的流程或措施，促进对信息数据的深度挖掘和有效利用，从而将新技术和数据资源中隐藏的巨大价值释放出来，并应用于社会治理，进而推动国家治理能力和治理体系现代化。

（二）以数据资源共享开放利用为基础

数字化治理的重要方式之一就是通过信息资源的有效整合和共享，用大数据框架的数据汇聚与数据分析能力促进社会服务管理工作的创新，促进现代社会从分散独立的生产制造和商务活动、部门孤岛式的社会管理，迈向协同网络化的生产经营和全方位的精细化管理，实现管理和服务的精确性和人性化，以显著提升网格化管理和社会化服务的综合能力。其前提在于最大限度保障数据的有序流通，进而通过不断释放相关数据而获得价值。数据流通主要包括数据的有序开发和利用与共享、开放等，这也成为现阶段在数字化治理工作中所要关注的重点而以此来开展共享开放工作。

（三）以数据安全与个人隐私保护为底线

进入数字化时代以后，各种数据资源呈现复杂多变、体量庞大、迭代频繁的特点，在大数据之下，个人隐私的安全性明显减弱，来自各方的威胁也愈加隐蔽难寻，"个人隐私保护在人员、管理、生态环境和研究的各个层面上提出了挑战性研究问题"①。所以，数字化治理就是要以国家、企业与个人信息安全作为前提和基础，否则，其他再好的治理模式都存在不合理，在一定程度上也是有违社会正义的。所以，数字化时代保障数据安全与隐私保护就显得尤为重要，而且要将其作为数字化治理的底线。新技术为社会治理的平台化、智能化和精准化提供了底层支撑，也为社会治理过程中的风险实时预警、效果实时反馈、决策实时优化带来了新的契机。与传统治理原则和机制相比，数字化治理的核心机制便是协同共治，从单纯的政府监管向公民参与协同治理的治理模式转变，从线下到线上线下融合，再通过人工智能、大数据、区块链等新兴技术赋能治理。只有技术与管理相互促进，才能真正有效推动数据共享，提高政府管理和社会治理水平。

四 数字化治理的实践发展

当前，我国的数字化治理还处在起步阶段，实践先于理论的特征较为明显。例如，在北京市的社区治理中，积极运用物联网、云计算、大数据等数字化技术，将网上12345、市民热线、两微一端、企业热线等数据汇集起来，建立起现代社会管理基础的相应数据库，并积极通过对其中的大量数据进行分析挖掘、整理归类，从中提取有效的信息，及时了解群众当前所关注的热点事件，这就为政府的决策提供了相应的数据支撑，也促使基层政府和社区等能够更加主动和更有针对性地为群众提供精准服务，构建了社区社会治理共同体，提高了社区治理的信息化智能化水平。再如，珠海市为让城市管理真正做到"分得清责任单位、派得出任务、解决得了问题"，以数字城管为抓手，运用大数据网

---

① 刘雅辉、张铁赢、靳小龙：《大数据时代的个人隐私保护》，《计算机研究与发展》2015年第1期，第229~247页。

络，开发"珠海数字城管"综合化信息平台，将数字城管业务终端（包含市政、路灯、执法、园林绿化、交通等16个城市管理主要领域）安装至各个城管责任单位，努力实现"纵向到底横向到边"，建立了用数据说话、用数据决策、用数据管理、用数据创新的"四梁八柱"。

总的来说，当前社会治理已经越来越体现出数字化、信息化、智能化的重要性，人民在日常生产生活中也越来越离不开数字化和互联网，并在潜移默化中和数字化时代发生着显而易见的良性互动。而对于已然发生着深刻变化的数字化治理来说，其具体表现如下。

（一）以数字化为特征的新型基础设施建设运行有效提升了应急监测能力

当前，数字化基础设施成为实现社会治理"互联网+"的前提和保障，人们可通过先进的互联网、大数据等科学技术，更加快捷、更加便利地获取图像、音频、视频等更为直观的信息和数据，掌握社会运行态势，为管理者提供决策依据。从实践中来看，在数字化治理进程中，我国各省市都十分重视实施数字化基础设施建设，并取得了一定成效。尤其是在疫情发生时，"数字化理念、数字化技术、数字化平台、数字化工具与应用"四位一体，通过移动大数据对流动人员进行精准识别、管理，通过5G技术提供更高的数据传输速率，满足远程医疗对实时性的要求。有效实现了我国全民健康信息化建设，有效建设了更加精准高效低耗的疫情防控体系，有效利用数据挖掘技术提升了政府科学制定决策能力。

（二）多元化的数字治理主体影响和改变着传统的治理主体结构

相比于数字化时代的社会治理，人们对过去治理模式的认知往往是停留在政府主导上,也就是社会治理中的大大小小的事务,由政府部门来领导、处理和推进解决。但是,随着数字化时代的到来,数字技术已经渗透到各个行业中,"数字"这一元素已经变成了各种主体的关键标识,所有的数字生产者都将成为社会治理的核心参与者。他们已经不仅仅是追求利润的经营者,而是深入参与社会的管理和运作,这在很大程度上突出了他们的社会公益观念、组织才能和参与能力。例如,自2020年以来,面对全球公共卫生事件和其他社会经济挑战,广州市内的多家知名企业如广药集团、广汽集团、立白集团以及金域医学检验集团股份有限公司等,在各自的领域内积极贡献力量,不仅丰富了多元化的数字治理主体结构,增强了应对突发公共危机的能力,而且通过紧密合作与跨界协同,共同提升了广州市乃至整个大湾区的数字治理效能和社会稳定性。

(三)数字终端平台应用场景多元便利了市民生活

随着数字经济的发展,特别是大数据、互联网等数字技术的飞速发展和普及应用,众多数字企业迅速崛起并形成集聚效应,极大地推动了各类线上应用场景的创新和发展,线上办公(如远程协作工具、云会议)、线上教育(如在线课程、虚拟教室)、线上医疗(如远程诊疗、电子病历、在线预约挂号)、线上娱乐(如流媒体服务、网络游戏)等领域都得到了前所未有的扩展。例如,2013年以来,上海市积极深化政府信息公开和网上行政审批,加强信息有序开放利用。在电子政府发展方面,建设涵盖咨询、投诉、办事等各类功能的12345市民服务综合热线,形成业务受理、跟踪督办、处理反馈、市民回访的全过程"闭环"管理机制;在医疗卫生领域,依托逐步覆盖全市各公立医疗机构的健康信息网络,推出"一站式付费"服务,简化就诊流程;在市民终身学习方面,首推"中本贯通",实施"学分银行",实现职业教育、高等教育、社区教育和老年教育等各级各类教育的纵向衔接、横向沟通。总的来说，数字技术的出现让人民生活更加便利，让城市治理更加有效，让经济社会发展更加稳定有序。随着技术的不断成熟和人类的不断前进，人与科技的关系必将更上一层楼。

（四）政府数字服务协同开展有效抑制了风险扩散

在最近的几年中，我国的智慧城市建设取得了令人瞩目的成果。数字服务在交通与物流的数据整合、物资和设施的调度、人员与物资的数据共享和跨业务的协同支持等领域都得到了较为广泛的应用，这为政府的公共治理提供了强有力的支持，并确保了社会的稳定和有序发展。以上海市静安区为例，其街道综合行政执法队积极推进"智慧城管"建设，强化人与科技的互动协同，充分运用无人机、车载视频等开展全方位的巡查检查，2023年以来累计收集违法信息100多条。同时，执法队在执法办案方面也积极借助科技手段，以"平台—终端"的模式简化办案流程，实现了"让数据多跑路，让群众少跑路"。再如青岛市有条不紊地推动公共数据的开放，以《青岛市公共数据管理办法》等为依据，要求有关机构按规定编制公共数据开放清单。《数字青岛发展规划（2019—2022年）》显示，截至2019年底，已建成青岛市公共数据开放网站，制定了覆盖50个部门1415项数据资源的开放清单，开放数据集超过2800个[1]。

总而言之，数字化治理不仅是提升社会治理效能的关键途径，也是我国治理体系和治理能力现代化建设的重要组成部分，预示着未来社会治理的发展趋势。同时，人类的生产和生活方式

---

[1] 《青岛市大数据发展管理局关于〈数字青岛发展规划（2019—2022）〉推进情况的报告》，2020年12月7日，青岛政务网，http://www.qingdao.gov.cn/zwgk/xxgk/dsjj/gkml/gzxx/202012/t20201207_2758897.shtml。

也将不可避免地融入数字化元素，甚至可能引发根本性的变革。近年来，随着国家政策对"互联网+"行动计划的支持，国内不少地方纷纷开始了数字化试点探索。尽管如此，目前的数字经济仍然是在初级阶段，经济社会与社会治理的数字化转型还需要许多新的基础条件来进一步支撑。当前，我国数字生态环境的发展还不能够完全满足数字化治理方面的需求。因此，要加快构建完善的数字生态系统，促进智慧城市建设健康有序发展，就必须从顶层设计入手，加强统筹规划。例如，城市的更新和旧城区的改建所需的云、网、端等数字化基础设施尚未开始建设；某些城市的数字信息系统表现出管理和运营的分散性，其在信息化所需要的基础设施之间缺乏一定的连贯性，共享水平不高，技术和设施标准存在显著差异，以及重复的投资和建设等，这些因素都限制了城市资源综合管理能力的提升；一些地方政府在推进数字社会中存在重"硬件"轻"软件"、"重应用"轻"服务"、忽视用户体验等问题。在数字安全、信息安全、市场监管以及伦理道德等多个领域，风险和安全依然是社会数字化面临的主要问题。

第二节 数字化治理的特征分析

社会治理是推进国家治理体系和治理能力现代化的重要内容。习近平总书记强调，"推进国家治理体系和治理能力现代化，必须抓好城市治理体系和治理能力现代化"[1]。必须"要着力完善城市治理体系和城乡基层治理体系，树立'全周期管理'意识，努力探索超大城市现代化治理新路子"[2]。这为我们更好地推动现

---

[1] 《习近平在浙江考察时强调：统筹推进疫情防控和经济社会发展工作 奋力实现今年经济社会发展目标任务》，《人民日报》2020年4月2日。

[2] 《习近平：毫不放松抓紧抓实抓细各项防控工作 坚决打赢湖北保卫战武汉保卫战》，《人民日报》2020年3月11日。

代社会治理现代化指明了方向、提供了遵循。数字化治理是基于"以人为本"理念，综合运用大数据、云计算、人工智能等新型科学技术，以数据为驱动提升社会治理成效的系列活动。随着技术的日益成熟和普及，数字化治理在经济、社会、文化、生态等诸多方面表现良好，同时在上述领域中愈加呈现与个人信息的紧密联系。为此，通过对数字化治理的特征分析，更好地理解和认识到数字化治理的内涵，能够为后续的个人信息保护研究提供重要的支撑。

一 数据要素

2022年12月，《中共中央 国务院关于构建数据基础制度更好发挥数据要素作用的意见》（以下简称《意见》）发布，《意见》从指导思想、工作原则到保障措施都提出了具体要求，为发挥数据优势，激活数据要素潜能指明了方向。不到三个月，中共中央、国务院又印发了《数字中国建设整体布局规划》，明确提出了要夯实数字基础设施和数据资源体系"两大基础"。2023年10月，根据机构改革方案要求，国家数据局挂牌成立。2024年5月，中央网信办、农业农村部、国家发展改革委、工业和信息化部联合印发了《2024年数字乡村发展工作要点》。在数字化的时代背景下，数据元素的参与对国家治理的现代化起到了积极的推动作用。在我国社会经济高速增长和全面深化改革的背景下，数据要素成为推动经济社会高质量发展不可或缺的重要力量。目前，我国正致力于将数据作为关键战略资源，纳入国家治理体系之中，以构建更为科学、精确、智能且高效的治理体系。为此，我国从顶层设计出发，出台了一系列相关文件，反复强调数字化、智能化的重要性和以此服务经济社会发展的紧迫性；充分运用大数据、人工智能等新一代信息技术，整合跨层级、跨地区、跨系统、跨部门、跨业务的数据资源，实现数据共享和信息的有效利用，以提高治理效能；积极参与全球数据治理改革，健全公共数据资源利用程序和安全管理机制，倡导合作共赢理念等。上述一系列举措旨在实现数据要素市场的培育，助力国家治理体系和治理能力现代化，从而更好地满足人民群众对美好生活的需要，提升民众的获得感、幸福感、安全感。

第一，数据要素能够更有效地满足国家治理现代化的实际需求。大数据时代下的数据要素具有海量性、实时性、动态性、共享性和开放性特点。构建多样化的数字应用环境，使数据要素能够有针对性地融入各个领域，依据经济、社会、生态等不同领域的特性，合理有效地发挥数据要素的特性，实现彼此的良性互动，进而在数字化治理中"增光添彩"。与此同时，数据驱动在科学管理以及决策方面具有较高的时效性，能够在各种情况下实现实时数据采集，通过智能的分析，提供较客观的评估和精确的判断，并能够根据情况给出较为科学的决策建议。随着大数据分析技术不断发展，其将为智慧城市建设提供重要支撑。第二，数据要素能够最大限度地实现资源共享。数据要素能够促进政府部门间信息交流与协作，能够为各个部门以及地区之间提供极大便利，方便它们进行信息交流，为政府与社会构建一个信息交流的桥梁，从而促进在国家治理体系下多个主体之间的协作与合作。数据要素能够提高政府工作效率，降低行政成本，促进经济增长，提高公共服务水平。第三，数据要素促使政府更加主动地向公众披露信息，这不仅有助于广大群众对基层政府进行精准有效的监督，也能促使政府进行的各项工作变得更加规范、合理以及透明。

社会治理作为国家治理的重要组成部分，无论是当今时代数字化的应用，还是数据要素的作用发挥，其在数字化治理中都有着显而易见的地位。同时，正是因为数据要素这一显著特征，也和个人信息数据联系密切，为后文探讨数字化治理中个人信息保护相关问题提供了一定的方向。

二 智能化设施

随着大数据、5G、人工智能等新型科学技术的发展,数字化治理对地方基础设施建设方面提出了更高和更新的标准。在此背景下,我国各地积极推动以"数字城市"为核心的新型基础设施体系的建设,并取得较为明显的成效。早在2020年,住房和城乡建设部、中央网信办等相关部门就对此联合发布了相关的指导意见,努力推动基于数字化、网络化和智能化的新型城市基础设施的建设。智慧交通是新一代信息技术与传统行业深度融合产生的创新成果,将推动我国智能交通系统进入全面快速发展阶段,并为实现"两个一百年"奋斗目标提供有力支撑。数字化时代下,以智能化为典型特征的新型城市基础设施是与互联网为代表的先进科学技术的相互成就,新型基础设施需要搭载先进科技应用,而先进科学技术依托新型基础设施才能够实现更快的普及和应用落地。具体来说,一是打造具备较高水平的工业互联网,二是发展协同高效的交通物流基础设施,三是构建清洁高效的智慧能源系统,四是建设先进普惠的智慧民生基础设施,五是形成绿色智慧的环境基础设施,六是建设智能新型的城市基础设施。在推进数字化治理过程中,智能化设施作为重要的硬件支撑,是数字化治理的重要基础。数字基础设施可以提升公共服务效率,降低交易成本,提高资源配置效益。在民生方面,基础设施的供应和需求仍然存在不平衡和不足的问题。新型基础设施建设将有助于缓解上述问题并改善区域发展失衡状况。在新型的基础设施中,数字化基础设施减轻了空间的束缚,利用先进技术推动了区域之间的平衡发展,进一步完善了社会的公平保障机制,确保了高质量的医疗、教育等民生服务的均衡供应。因此,新型基础设施是解决"看病难"和"上学难"的有效手段。与此同时,新型基础设施技术持续地进行改进和迭代，能够不断催生更多的业态和模式，为广大人民的生活提供细致周到的服务，并在提供基本社会保障的同时增强公共服务的经济属性。随着我国城镇化进程不断推进，各地纷纷出台相关政策以加快建设"智慧城市"，并积极构建信息共享平台。例如，近年来贵州省在远程医疗建设方面成效明显，建立起了省—市—县—乡的远程医疗服务四级网络，并且与其他发达省份进行资源联通，依托远程医疗服务平台让全省的人民群众享受到了便捷优质的医疗服务。

在智能化设施的普及建设之下，数字化治理能力和水平也在不断提高，而其自身具有的数据存储功能，也意味着无论是硬件还是软件，由于自身建设和发展的条件限制，必然伴随着一定的数据安全风险，特别是因数字化治理而产生的庞大个人信息数据。因此，在后续探究个人信息保护问题上，一定要关注到软硬件设备带来的一系列影响。

三　互动治理

互动治理的理论落脚点是"互动"和"治理"，"治理"是根本，"互动"是形式。简单来说，"互动治理"就是社会系统中"个人—个人""群体—群体""个人—群体"间在交流中产生依赖性行为，而这种行为体现在治理的过程之中。互动治理从来不是一个静态名词，而是体现为一个动态过程，同时在这个过程中，互动的主体也是多种多样的。在数字时代，数字化治理得到快速发展，传统自上而下的社会管理模式已经无法适应发展需要，倡导"互动"的理念，实现由"疏通"代替"填堵"的动态治理是我国现代社会治理发展的必然要求。之所以说互动治理是数字化治理的重要特征，就在于进入数字时代以后，"个人"这一基础单元的影响力和作用得到了显著提高，过去传统的治理模式中的主体要素发生了转变，数字化治理下的"个人"由过去的"被动"开始转变为"主动",并在治理的方方面面发挥出重要的作用。以个人PC、移动端等设备为手段,能够将过去自上而下的"信息收集"转变为"自下而上"或者"上下同步"的信息传递、信息交换,在此过程中实现治理的互动,提高治理效率。而作为互动治理这一特征,无论是"个人"这一基本单元,还是一定"个人"组合成的群体,其在数字化治理下都表现出个人对自己信息数据使用方面的主动性,而这种主动性在一定程度上又缺少正确指导,存在着自己对个人信息数据的保护不当,进而造成个人信息泄露等问题,这也是后续研究中需要关注的。

四 共享治理

2020年8月24日,习近平总书记在主持经济社会领域专家座谈会时,就正确认识和把握中长期经济社会发展重大问题发表重要讲话,强调"要完善共建共治共享的社会治理制度,实现政府治理同社会调节、居民自治良性互动,建设人人有责、人人尽责、人人享有的社会治理共同体"[1]。这些重要论述为"十四五"时期如何适应社会结构、社交关系、社会行为习惯和社会心态的深刻转变,以及如何进一步强化和创新社会治理提供了明确的方向,并对此提出了新的挑战和要求。要坚持以共建共治共享理念推进社会治理现代化。共享作为社会治理的核心目标,强调所有类型的主体都应共同分享社会治理的成果。只有把发展作为执政兴国第一要务,才能不断满足人民日益增长的美好生活需要。要判断改革发展是否取得了成功,关键在于人民是否能共同分享到这些改革和发展的红利。只有真正解决好民生问题,才能更好地

---

[1] 《习近平:在经济社会领域专家座谈会上的讲话》,2020年8月25日,求是网,http://www.qstheory.cn/yaowen/2020-08/25/c_1126408718.htm。

促进经济社会持续健康发展。因此,社会治理的核心目标是提高人民的生活质量,确保公平与正义,维护人民的合法权利,并使所有人都能分享到发展和治理的红利。数字化治理作为一项系统工程,无论是对经济和社会资源的综合治理,还是为了提升治理成效而建立的一系列软硬件设施、各类资源平台,最终目的都是提高广大人民的生活水平,让人民享受到数字时代为生活带来的诸多有益改变。无论是城市数字化还是乡村数字化,抑或在治理上的数字化加持,我们在拥抱数字时代上从来不是盲目跟风,作为以人民为中心的中国共产党,始终坚持人民至上,坚持以改革创新推进国家治理现代化,让人民群众收获共享的成果,促使人民群众成为社会治理的最广参与者、最大受益者、最终评判者,让人民群众在参与治理的过程中感受到人人有责、人人尽责、人人享有的重要性。

第三节 数字化治理时代的个人信息危机

现代社会是承载人类政治、经济、文化、科技、生态等方面的综合体,城乡的规划、建设、管理状态,最终都会归集并反映到城市和乡村的生产、生态和秩序上。党的十八大报告强调"坚持走中国特色新型工业化、信息化、城镇化、农业现代化道路……促进工业化、信息化、城镇化、农业现代化同步发展"[①]。由此,信息化成为承上启下、左牵右引的重要支撑,运用数据汇聚与数据分析能力实现社会服务管理工作的创新,可以显著提升网格化管理和社会化服务的综合能力。党的十九大报告提出"建设网络强国、数字中国、智慧社会"战略目标,习近平总书记更是多次

---

① 《胡锦涛在中国共产党第十八次全国代表大会上的报告》,2012年11月18日,人民网,http://cpc.people.com.cn/n/2012/1118/c64094-19612151.html。

提出"城市管理搞得好,社会才能稳定、经济才能发展",以及"要提高城市管理水平,一流城市要有一流治理,要注重在科学化、精细化、智能化上下功夫"① 等重要论述。在此背景下,数字化治理成为现代社会治理的新模式。进行数字化治理中的个人信息保护研究,首先需要对研究背景进行清晰认知,特别是要认识到数字化治理中数据的重要作用,以及由数据带来的关乎个人信息保护等一系列潜在风险,这有助于我们认识数据分析技术的发展和应用如何重新塑造了人类在社会治理方面的认知和个人信息处理上的方法论。

一 个人信息的概念界定

从法学的视野出发对个人信息进行科学定性是进行个人信息保护的前提和基础。个人信息在目前各国相关的一些标准法规中,通常采用三种称谓,即个人信息、个人数据和个人隐私,这是由各国的法律体系、法律传统和历史习惯决定的。比如,美国采用个人隐私的概念,是从保护人权出发,强调隐私与自由的平衡;欧盟采用个人数据的概念,是以人格为基础,基于维护人的人格尊严;日本、韩国、俄罗斯等国多使用个人信息的概念,其外延和内涵更加广泛。

如前文所述,各国在立法上对个人信息的概念称谓并不统一,在个人信息的定义上主要有概括型、概括列举混合型和识别型三种模式,立法中采用概括型模式的代表国家有德国、美国、荷兰等②,采用概括列举混合型模式的代表国家和地区有英国和

---

① 《习近平:坚定改革开放再出发信心和决心 加快提升城市能级和核心竞争力》,2018 年 11 月 8 日,人民网,http://cpc.people.com.cn/n1/2018/1108/c64093-30388112.html。

② 美国商务部签发的《安全港隐私保护原则》规定,个人信息和个人数据是指在指令覆盖范围内,关于某一确定的人的数据或用以确定某人的数据。

我国台湾地区①，识别型定义是目前国际和国内立法采用较多的个人信息定义方式，但在识别机构的认定问题上，有两种不同的主张②。笔者认为，"个人信息""个人数据""信息隐私"用语上的差异主要集中于相关立法在保护对象和范围上尚未有统一的标准，以及由此造成的各国（地区）个人信息保护范围的差异。随着经济全球化的深入发展，各国在多领域的交流互动日益频繁，加之对个人信息保护的认识不断深化，世界各国对于"个人信息"的理解和认识，正在逐渐趋向融合。尤其是 2018 年欧盟《通用数据保护条例》（GDPR）采用"身份识别性"为标准界定"个人数据"，对各国立法产生了重要的影响③。2018 年美国《加利福尼亚州消费者隐私保护法》的"个人信息"定义也认定了直接和间接识别性特征，并采用了列举的形式廓清范围。④ 我国制定的《网络安全法》和《个人信息保护法》也采用了身份的单独

---

① 英国资料保护法采取了识别型定义，同时并用概括与列举的立法技术，特别将"观点的表达"和"意图的表达"规定为个人信息。根据该法第一条的规定，"个人资料"是指可以直接或者间接识别一个活着的人的所有资料，包括个人观点的表达、个人意图的表达等。
② 英国资料法主张只有信息管理者是识别机构，欧盟指令陈述 26 条指出，任何人都可能成为合法的识别机构。笔者认为，这两种立法例并不矛盾，但欧盟指令的规定对信息主体更加有利，对信息管理者规定了严格的义务和责任，甚至有可能使信息管理者面临不可预测的诉讼风险。
③ 《通用数据保护条例》（GDPR）第 4 条将"个人数据"定义为："与已识别或可识别的自然人（数据主体）相关的任何数据；可识别的自然人是指通过姓名、身份证号、定位数据、网络标识符以及特定的身体、心理、基因、精神状态、经济、文化、社会身份等识别符能够被直接或间接识别到身份的自然人。"
④ 2018 年《加利福尼亚州消费者隐私保护法》将"个人信息"定义为能够直接或间接地识别、描述与特定的消费者或家庭相关或合理相关的信息，这些信息包括但不限于真实姓名、别名、邮政地址、唯一的个人标识符、在线标识符、互联网协议地址、电子邮件地址、生物信息、商业信息、地理位置数据以及教育信息等。

识别与结合识别方法。① 与此同时,还需要用列举的方式明确其识别性的含义。这种界定方式扩展了"个人信息"的范围,并且大数据所具有的数据挖掘与分析能力又进一步加强了"可识别性"。

综上所述,个人信息定义可以被理解为与特定个人相关的,或与特定个人无直接联系但又的确存在一种联系的地理信息和环境信息。需要提出的是,这种无直接联系的信息会被人们认为是"公共信息",这表明该个人信息保护有可能自身进行扩展和膨胀,以至于会影响到其他利益。因此对个人信息的概念应予以必要限制。也就是说并不是在所有情况下都会对符合个人信息定义的所有信息给予法律保护。② 据此,个人信息可定义为:与特定个人相关的,并可识别该个人的数据、图像、声音等信息,以及能够关联或推断出特定人身份的信息。日常生活中常见的个人信息主要包括:个人相关的各类身份信息(身份证、驾驶证、护照等)、个人生理健康信息(体检报告、病例、传染病史等)、社会关系信息;个人数据加工处理后的标签信息;网上活动的各类账号、购物记录、行为记录等数据资料。然而,随着信息技术的发展和人类社会活动的拓展,个人信息的种类会不断丰富,任何有关个人信息范围的列举都有可能是不完全的,对此,我们应秉持

---

① 我国《网络安全法》将"个人信息"定义为:"以电子或者其他方式记录的能够单独或者与其他信息结合识别自然人个人身份的各种信息,包括但不限于自然人的姓名、出生日期、身份证件号码、个人生物识别信息、住址、电话号码等。"我国《个人信息保护法》将"个人信息"定义为:"以电子或者其他方式记录的与已识别或者可识别的自然人有关的各种信息,不包括匿名化处理后的信息。"

② 在这一点上,挪威《个人资料法》做出了明确说明,肯定一些符合"个人信息"字面定义的信息可能得不到个人信息保护法的保护。笔者认为,在个人信息保护范畴内,收集并不仅仅是一个单纯反映客观现象的概念,而是包含了主观意图的概念,只有当信息采集者或管理者为了识别某个特定的人,或企图寻找识别某个或某类特定人的信息之时的信息汇集才构成个人信息保护法上的收集。

一种开放的态度，随时准备接纳新的个人信息种类。

二 个人信息与个人数据的关系认定

从广义层面来说，个人信息概念强调"识别性"。因此，个人信息就是对个人而言具有一定意义或价值的信息集合。换句话说，任何能够识别特定个体（仅限于自然人）的信息，不管是直接识别还是间接识别的信息，都可以被视为个人信息。在人类历史发展过程中，人们通过对个人信息的认识与应用，不断地创造着新的社会关系。在社会互动和社会活动中，个人信息扮演着不可或缺的角色。另一方面，个人在进行各种社会活动时又离不开这些符号与信息。从一个角度看，个体应当使用能够标识自己的标志，向大众展示和宣传自己，并借助这些标志进行多种形式的活动；从另一个角度看，社会方面应该借助由个人提供的其自己的相关资料和其他可以收集以及掌握的一些个人方面的信息，更加精准地了解与评估与之相关的某个人。

在数字化治理中，特别是在大数据这一时代背景下，繁杂多样的个人信息越来越呈现数据化的特点，除了上文提到狭义上的数据是个人信息的一部分之外，图像、声音等其他信息同样也可以实现数据化，并且在具体实践中已经有所体现。在大数据的时代背景下，数据的获取途径呈现多样性，这主要体现在网络的运行路径、网络行为的记录、各种媒体的信息以及文本资料等方面。从这些数据资料中提取有用的知识和经验来服务于人类社会生活的各个领域。所有有价值的数据都与某个人、某物或某组织的信息或活动有关。大数据所涵盖的范围十分广泛，包括各种社会经济生活领域的数据资源。在大数据及其应用领域中，来自个体的可辨识的个人资料占据了至关重要的位置。从理论上讲，任何一种社会现象、事件都可以看作是人与环境之间相互作用所形成的关系的反映，因此，对一个社会而言，人就是一切社会关系的承载者和承担者。所有的政务和商务活动都是以人为中心进行的,人不只是所有活动的中心,同时也是所有活动成果的接受者,具体如图1-2所示。

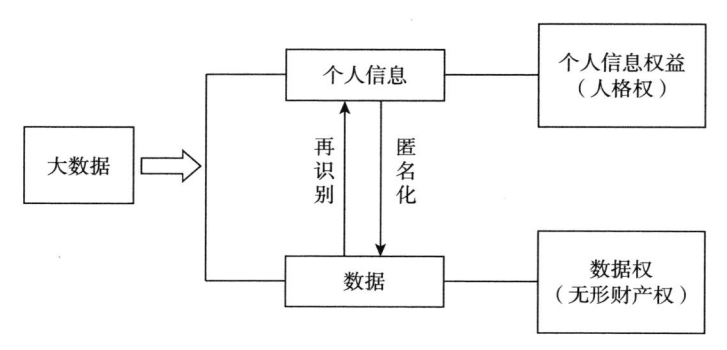

图1-2 个人信息与个人数据的关系

在计算机应用的早期,关于个人信息方面的数据库大多是以"批处理"的方式产生,主要涉及身份信息、档案记录等[①],但是随着数字技术的进一步发展,较多商业应用也进一步数字化,这样就导致更多个人数据产生,如银行账户记录、手机通话记录、邮件通信录及接受网络服务时的身份信息和账户密码等。近年来,由于移动设备、监控设备、网络传感器迅速增多,各种各样关于个人的电子数据呈指数式增长。

从21世纪初开始,网络用户画像的概念和技术逐渐兴起。用户画像的概念最早是由美国交互设计之父 Alan Cooper 所提出的,即目标用户的具体描述或表现。互联网公司对其大加利用,意在将用户画像用于精准营销、用户研究、个性服务和业务决策。一般而言,它主要是通过对用户各种信息(社会属性、生活习惯、消费行为等)的搜集,并利用数据分析技术从这些信息中剥离出用户的特征标识,形成标签化的用户模型,可大致分为三

---

① White House, *Big Date*: *Seizing the Opportunity*, *Preserving Values*, Washington, DC: Executive Office of the President, 2014, p.2.

类：第一类是基本信息类的画像，这主要是用户的基本信息，含性别、年龄、职业、学历、收入、资产等；第二类是用户的行为画像方面，如消费习惯等；第三类是较为宽泛用户分群的画像，此类画像就是用统计方法依据不同业务和群体特征来分类。

总的来说，大数据时代对个人信息的采集和收集现象普遍存在，且随着信息技术的发展而变得愈加隐蔽和密集，同时，将采集到的个人信息进行组合形成数字画像，实时追踪、挖掘分析个人行为成为常态。在某种意义上，以个人数据为重要载体的个人信息是大数据时代的基础和核心，以数据的形式对个人信息进行采集、分析和应用也是当前大数据时代带给社会的最主要红利。

三 大数据时代的数据应用问题

数据的爆炸式增长及其蕴含的价值让我们对大数据的重要性产生了前所未有的重视。数据是一种基础性的战略资源，这已经成为全球的一个共识，其中，由于数字技术的利用，数字经济已经成为全球在新一轮产业竞争中的制高点。但人类在享受数据给我们的生活带来便利的同时，也应该警惕数据应用危机。从实践来看，当前大数据的应用问题主要包括以下几点。

（一）底线不明，安全问题频发

数字化治理要以发展为导向，同时也必须抓紧抓牢安全底线，确保国家安全和个人隐私的保护。以数据为核心的数字技术逐步成为经济发展的新驱动力，深刻地改变了人们的日常生活，但有关数据泄露、数据窃听、数据滥用等安全事件屡见不鲜。比如，某汽车销售服务公司向第三方公司购买22台人脸识别摄像设备，于2021年1月至6月期间非法采集上传人脸照片431623张，并通过算法对面部数据进行识别，以此进行门店的客流统计和分析，包括进店人数统计、男女比例、年龄分析等。除此之外，数据安全还涉及算法霸权、数学杀伤性武器、大数据杀熟等一系列问题。此外，随着全球互联网化程度加深，国家重要信息系统遭受的网络攻击也更加猖獗、隐蔽。根据国家互联网应急中心发布的《2021年上半年我国互联网网络安全监测数据分析报告》，2021年上半年我国境内感染计算机恶意程序的主机数量约446万台，同比增长46.8%；位于境外约4.9万个计算机恶意程序控制服务器控制我国境内约410万台主机，安全形势严峻[①]。综上所述，数据安全威胁渗透在数据生产、采集、存储、流通、开发和利用等各个方面，风险成因复杂交织，既有新技术、新模式触发的新风险，也有传统安全问题的持续触发。

（二）垄断问题凸显，红利普惠不足

数据是无形的，依赖于平台而存在。随着数字经济的发展，平台逐渐成为一种新的经济组织形式。一方面，平台具有与传统企业一样的员工、资产、组织结构等且参与市场竞争；另一方面，平台并不直接生产或销售商品，而是对供需双方提供匹配的服务，就是在提供服务的过程中，平台掌握了海量用户数据。对于平台而言，可通过数据挖掘与分析推动产生新的服务与产品，再产生新的数据，不断促进平台进行升级换代。在数字平台不断壮大的过程中，其内在特性和功能影响逐渐塑造出一种全新的市场结构——"赢者全得"和"寡头垄断"的格局。随着一些大型平台的势力扩张，它们基于自身商业利益，滥用市场主导地位的现象日益显现，例如通过限制竞争自由等方式来维护自己的优势。值得注意的是，互联网平台领域中出现的不正当竞争行为与传统实体经济中的垄断行为存在显著区别。因此，在面对互联网

---

① 《2021年上半年我国互联网网络安全监测数据分析报告》，国家互联网应急中心网站，2021年7月31日，https://www.cert.org.cn/publish/main/46/2021/20210731090556980286517/20210731090556980286517_html。

平台可能存在的垄断问题时，若沿用传统的反垄断法规进行监管，无疑会遭遇一系列现实挑战，其作用也较小。可以说，这些平台享受了海量数据带来的巨大红利，尤其是部分平台在市场竞争中通过健全自身的网络生态系统吸引千万流量，形成协同效应，对社会数据资源进行垄断，使后进入平台很难吸引足够的客户，这在一定程度上抑制了数字经济对于中小微企业释放的红利。

（三）壁垒林立，流通利用不畅

作为蕴含巨大潜在价值的资源，数据价值的发挥就是要让数据资源最大限度地进行流通。但当前，政府之间、企业之间以及政府与企业之间的数据壁垒现象较为严重，阻碍了数据的自由流动。具体来说：其一，政府各部门之间数据共享难度大。政务数据是数据资源中的重要组成部分，政务数据的开放与共享对公共产品和公共服务的优化具有重要意义。而当下政务数据在开放与共享中仍存在技术短板，加之部门利益、问责压力、产权纠纷等方面考虑，极大影响了政务数据的充分开发和利用。其二，企业之间数据共享意识较低。数据作为企业的资产，涉及企业知识产权、商业机密等，为了拥有核心竞争力，大部分企业的共享意识都较为薄弱，对数据资源进行封闭性管理，导致数据资源在企业之间几乎无法自由流动。其三，政府与企业之间数据流动障碍重重。习近平总书记在2017年中共中央政治局集体学习时强调，要"要加强政企合作、多方参与，加快公共服务领域数据集中和共享，推进同企业积累的社会数据进行平台对接，形成社会治理强大合力"[1]。当前，互联网上动辄涉及数亿甚至数十亿人流、物流、资金流的大数据应用层出不穷。百度系、阿里系、腾讯系、小米系等互联网企业拥有十分庞大的业务体系，其掌握的数据资

---

[1] 《习近平：实施国家大数据战略加快建设数字中国》，新华社，2017年11月9日，http://www.xinhuanet.com/politics/2017-12/09/c_1122084706.htm。

源多、覆盖范围广，已经在很多方面接近甚至超过政府部门对于经济社会运行情况的了解。而目前我们缺乏针对电商物流、移动定位、金融支付等经济社会运行数据的统一采集和分析利用机制，加之立法依据不足、数据确权不明、收益分配无章可循等问题，政府与企业之间的数据融合开发利用也面临着重重挑战。

（四）质量不高，效果发挥有限

数据质量对于数据的有效应用具有重要意义。数据质量差不仅会让数据检查、精炼及调整消耗必要的和不必要的时间及资源，而且会降低人们对整个系统的信任程度。可见，数据质量是数据开发利用、价值释放的关键指标。事实上，不仅企业面临严重的数据质量问题，掌握着可信度较高数据的政府也面临同样问题。比如职能部门的数据体系不完善，导致数据的完备性不足；部门冷数据偏多，数据开放共享难，导致数据的有效性不足；囿于部门管理的条块分割，数据质量标准不一，导致数据的标准化程度不足；鉴于主数据与参考数据依据不足，数据之间相互矛盾，导致数据的权威性不足。

综上，当前由于信息化数字化的应用不断得到深化、数据共享在开放范围方面也逐渐扩大，在数据的集中汇集、碰撞管理、管运分离等方面给数据治理和安全带来了越来越多的挑战，也存在诸多应用危机。

四 数据问题生成的原因分析

数字化治理是大数据时代下应运而生的产物。时代的发展机遇和数据爆炸式增长常常使我们"手足无措"，究其根源在于我们的认知水平、治理能力、技术支撑、人才队伍等方面未跟上时代步伐。整体而言，大数据发展仍处于价值尚未得到高效释放的初级阶段，尤其是数据资源的内部管理治理问题与外部流通交易问题，这两大问题是横亘在数据要素市场化进程中的关卡，也是大数据实现进阶性突破的关键。具体包括以下几个方面。

一是认知不足，大数据思维体系尚未形成。首先，对数据的概念认知不清。从我国各省市政务数据管理相关政策文件制定情况来看，各地对数据的定义不同，包括公共数据、公共信息资源、政务数据、政务数据资产等不同提法，其内涵也不尽相同，详见表1-2。

表1-2 政务数据概念

典型提法	具体内涵	代表省份	主要特点
公共数据①	指各级行政机关和公共服务企业在履行职责和提供服务过程中获取和制作的、以电子化形式记录和保存的数据	北京	包括公共服务企业获取和制作的数据
公共数据②	指各级行政机关以及履行公共管理和服务职能的事业单位在依法履职过程中采集和产生的各类数据资源	上海、浙江	不包括公共服务企业产生的数据资源
公共信息资源	指政务部门和公共企事业单位在依法履职或生产经营活动中制作或获取的、以一定形式记录和保存的非涉密文件、数据、图像、音频、视频等各类信息资源及其次生信息资源	海南	1. 包括公共服务企业获取和制作的数据； 2. 排除涉密信息资源； 3. 将次生信息资源纳入公共信息资源范畴
政务数据①	指国家机关、事业单位、社会团体或其他依法经授权、受委托的具有公共管理职能的组织和公共服务企业（以下统称数据生产应用单位）在履行职责过程中采集和获取的或者通过特许经营、购买服务等方式开展信息化建设和应用所产生的数据	福建	1. 提出"数据生产应用单位"概念； 2. 提出数据包括以履行职责、特许经营、购买服务等方式开展信息化建设和应用所产生的数据

续表

典型提法	具体内涵	代表省份	主要特点
政务数据②	指各级行政机关在依法履行职责过程中制作或者获取的，以一定形式记录、保存的文件、资料、图表等各类数据，包括行政机关直接或者通过第三方依法采集的、依法经授权管理的和因履行职责需要依托政务信息系统形成的数据等	山东	提出"直接或通过第三方依法采集的、依法授权管理的和因履行职责需要依托政务信息系统形成的数据等"属于政务数据
政务数据资产	指由政务服务实施机构建设、管理和使用的各类业务应用系统，以及利用业务应用系统，依据法律法规和有关规定直接或者间接采集、使用、产生、管理的文字、数字、符号、图片和视音频等具有经济、社会价值，权属明晰、可量化、可控制、可交换的政务数据	山西	1. 明确将数据作为"资产"； 2. 数据具备"经济、社会价值，权属明晰、可量化、可控制、可交换"等特征

由表 1-2 可以看出，各地对数据和信息、政务数据和公共数据的理解不一致。在数据日益重要的今天，亟须明确政务数据、公共数据内涵体系，为确定数据管理范畴、明确数据质量标准、细化数据利用边界奠定基础。

二是治理秩序尚未成型。首先，关于数据保护的法律体系不健全。数据作为一种新型生产要素，具有区别于传统生产要素的典型特征，无法直接适用传统生产要素的管理模式。① 比如，在数据确权方面，对于数据资源的权利属性、权利归属、权利内容等尚未有统一定论，学界对此众说纷纭，提出"信息权""物权""新型人格权""知识产权"等多种说法；在数据资源管理、定价、分配模式等方面，存在诸多空白；在数据安全保护方面，对

---

① 宋志红：《大数据对传统法治的挑战与立法回应》，《经济研究参考》2016 年第 10 期，第 26~34 页。

于敏感信息的界定比较笼统、模糊。其次,关于数据管理的组织机制不健全。实践中,我国不少地区都设置了专门的数据管理机构,明确了数据资源管理责任,但各地所设置的数据管理机构的类型是不完全一样的,包括政府部门内设机构、政府直属机构、政府部门管理的事业单位和企业法人等。但由于管理机构的行政级别以及机构性质方面的不同,其管理模式方面也是不尽相同的,再加之各管理机构在职责方面存在着定位模糊、边界不清的问题,这就导致了数据统筹方面的管理力度不大。最后,关于数据质量的标准体系不健全。当前,围绕大数据的基础支撑、数据管理、技术平台、业务应用、数据标准等方面的标准体系还不太完善,有的需要进一步优化;同时,缺乏对数据相关标准的评估和评价,即标准的规范性、合理性、先进性、适用性等方面的评价评估体系需要进一步建立和完善。

三是技术滞后,信息技术尚待进一步突破。当前,大数据理论与技术发展仍处于起步阶段,现有的数据处理技术发展远落后于迅速增长的数据体量,技术体系难以满足大数据应用的需求,这导致了大量数据因处理不畅而存在着未得到充分利用且价值模糊的状况。这些数据不是没有用处,但其通常会被当作"垃圾"或因不符合商业原则而遭到销毁或丢弃,其价值没有得到充分的体现。国际商业机器公司(IBM)通过调查后所作的调查报告指出,绝大部分的公司对数据的处理利用情况太低,只对其中1%的数据进行了深入的分析以及实际应用,待利用的空间还很大。此外,我们在大数据应用领域的实践活动展现出了明显的综合性特征,实际上依赖的并非孤立的某项技术,而是涵盖了科学、技术与工程等广泛领域内一系列前沿且相互交织的新技术集群。这一技术集群中包含了物理传感技术、移动通信技术、新材料科技以及空间信息技术等多个维度的技术元素。这些元素之间存在着紧密的互动关系,彼此间相互影响、互补不足,并共同促进着整体技术生态的发展与进步。从近十年我国大数据领域技术发明专利数据来看，我国大数据技术创新方面的核心专利以大数据存储、安全、检索、计算、分析等五类基础技术为主，但这类技术多处于跟随状态，缺乏平台级的原创技术，对国际主流开源社区的贡献程度不高。另外，面向不同领域的智能应用类专利数量不多，且知识领域发育尚不成熟。

四是人才缺失，数据知识结构极度失衡。当前，我国正处于新旧动能转换更替的关键时期，无论是大数据技术的深度发展还是数字化建设都需要大量信息通信领域的专业技术人才和综合性管理人才，而信息通信领域产业属于知识密集型产业，具有知识高敏感性和人才高依赖性。此外，从数据的采集、管理、应用到最终的市场，数据资源除涉及数据分析与人工智能等技术层面的内容外，还涉及法律、经济和管理、伦理等多个学科以及领域，亟须具有一定综合性以及交叉性学科背景的人才，且涉及多个领域，现有的就业人才，也需要高校及其他相关机构的大力培育。根据猎聘发布的《2019年中国AI&大数据人才就业趋势报告》，我国在现有人才方面存在总量供应不足，大数据人才缺口高达150万；人才供给方面过于集中在数据产品经理、机器学习和数据分析方向，深度分析、数字营销、数据架构等职能人才缺口较大。另外，当前的人才培训体系未能满足社会进步的需求，当前高校在人才培养方面过多偏向理论与一些成熟的技术，与现实业务的对接相对较少，同时也存在培养内容较为片面化、系统综合的培训较少，在教学培训中关注应试教育，导致学生在实际应用能力方面存在诸多的不足等问题。综合而言，当前我国在大数据人才的培养体系方面尚需优化。

综上所述，在当前时代背景下，大数据不仅在经济、政治和社会领域具有深远的意义，而且已经深入到国家社会治理、经济预测和政府决策等多个方面，被视为"创新的先锋"。随着信息技术日新月异地快速发展，人类正在步入一个新时代——信息化时代。以"大智移云"（包括大数据、智能化、移动互联网和云计算）为标志的信息科技得到了广泛的应用。海量数据的生成和流通已经成为一种常态，而大数据也逐渐渗透到各个行业中。这不仅深刻地重塑了人们的社会关系，同时也给社会的发展带来了许多不确定性的影响，加之当前人们认知水平、治理体系、技术能力、人才队伍与新时代大数据应用发展需求匹配度问题，使原本就客观存在的许多风险呈现放大效应，每一个数据节点都蕴含着风险无限扩大的可能性，导致了数据危机的产生，同时也给数字化治理带来重重障碍。

第二章　数字化治理中个人信息识别及安全风险

个人信息识别是确保信息数据安全和个人隐私保护的重要基础，而信息识别过程中需不断应对技术发展带来的新挑战，同时结合法律、政策等多方面措施，共同构建一个安全的数字化环境。

第一节　数字化治理中的个人信息识别

日常生活中，人们一般以个体参与的社会活动为参照物对个人信息进行分类，比如教育信息、消费信息、纳税信息等。这种分类方式能让人们更加直观地了解自己的个人信息，但无法科学地界定个人信息。个人信息基于不同标准可以划分为不同的种类，实务界和理论界对于个人信息分类的认识有所不同，不同分类下的个人信息在归责原则、证明标准等方面亦有所区别。综合各种分类方式，个人信息大致有三类划分标准。

1. 以相关性为标准

按照信息内容与信息主体是否具有直接相关性为划分标准，可将个人信息分为敏感信息与非敏感信息。

敏感个人信息一般是指涉及自然人私人的信息，具有高度私密性，如有关性生活、基因信息、医疗记录等个人信息。① 在实践中，判断一个信息是否构成敏感个人信息也有一定的难度，因为有些信息与个人的关系"松散"或者是适用环境的差异而使人们对其能否构成敏感个人信息产生争议。比如个人财务状况属于敏感信息，但在金融机构办理相关事项时财务信息可以在一定范围内公开。因此，在不同情境下，个人信息是否具有敏感性也会发生变化。从立法来看，世界各国由于文化差异和不同法律根基对敏感信息的规定也存在不同。比如在欧洲，英国的《数据保护法案》和爱尔兰的《2018数据保护法案》将信息主体的犯罪行为、刑事诉讼、法院判决等列为敏感个人信息，而美国法律对于敏感个人信息的规定则更注重对信息主体经济关系的保护。

非敏感个人信息是指不涉及隐私，可公开的个人信息。非敏感个人信息与敏感个人信息一样，都被纳入法律保护的范围。因为诸多非敏感个人信息在经过数据技术的分析和整合后，也会形成完整的人格画像。

上述分类的意义在于对二者的保护方式和力度不同，敏感个人信息与个人合法权益的联系更为紧密，一旦遭到泄露或修改将直接侵犯个人的合法权益，因而，对于敏感信息应给予更高的注意和保护。在具体司法实践中，对于敏感信息被侵犯的信息主体应当提供低成本的保护，比如在证明责任配置上，应采取举证责任倒置方式，同时应降低被侵权人对侵权行为、因果关系的证明标准。②

---

① 张新宝：《从隐私到个人信息：利益再衡量的理论与制度安排》，《中国法学》2015年第3期，第38~59页。
② 比如，林某某诉四川航空案【案号：(2015)成民终字第1634号】中，法院认定"在林某某已经尽自己所能，将其客观上能够收集到的证据予以举示，证明了其信息在售票渠道被泄露的基本事实"，而不需要再对具体泄露细节进行举证。由此可见，在举证过程中，法院结合个人举证能力，只要求其对所主张内容的基本事实进行举证，大大降低了个人信息主体的举证负担。

2. 以控制主体为标准

以信息控制的不同主体作为划分的依据，个人信息又可划分为由政府控制的个人信息、个人控制的个人信息以及其他组织控制的个人信息。该分类标准较为周延，但彼此间存在交叉，导致个人信息的进一步流通可能会发生冲突。① 具体而言，个人信息是可共享的，也就意味着个人信息的支配主体是多元的，但如何支配需要由立法予以规制和调整，从而确保个人信息有序流通。上述分类的意义在于，在确定侵犯个人信息的侵权责任时，对于政府掌控的个人信息应确立无过错责任原则，对其他组织掌控的个人信息应确立过错推定责任原则，对于个人掌握的个人信息应确立一般过错责任原则。② 这是因为相较于个人，政府与其他组织获取信息并通过数据技术处理个人信息的能力更强，更有可能侵犯个人的合法权益。

3. 以信息形成为标准

以个人信息的形成为标准，个人信息可分为政府强制采集的信息、志愿者信息、测量信息、推测信息。其中，志愿者信息指信息主体主动公开的信息，比如网上主动公开的家庭住址、学历、联系方式等；政府强制采集的信息主要指政府在公共管理过程中所收集的个人信息，比如户籍信息的采集、婚姻登记信息的获取等；测量信息主要指个人在从事个人活动中被收集的信息，比如手机的定位信息，打开App被要求"允许使用你的地理位置"，还有浏览网页记录信息等；推测信息是指对个人信息获取后经过特定算法模型计算后整合而成的新信息，比如购物平台对消费者网购记录进行分析后所推送的信息以及"大数据杀熟"等。

---

① 阳雪雅：《论个人信息的界定、分类以及流通体系——兼评〈民法总则〉第111条》，《东方法学》2019年第4期，第33~42页。

② 叶名怡：《个人信息的侵权法保护》，《法学研究》2018年第4期，第81~102页。

以上分类标准的意义在于，它有利于更好地把握个人信息，明晰不同阶段个人信息的权利主体，便于从流通环节保护个人信息。对于志愿者信息、政府强制采集的信息、测量信息应强调保护优先；而针对测量信息，因涉及国家信息产业战略，在强调对其进行保护的同时，需要兼顾该类信息的商业价值，不宜仅仅强调对信息主体的保护，而不合理地限制个人信息流通。

从当前我国的立法实践来看，《民法典》第一千零三十四条将个人信息界分为私密信息和非私密信息，而《个人信息保护法》第二十八条将个人信息划分为敏感信息和非敏感信息。那么，为何不同立法会对同一事物做出不同的类型界定？这就首先需要对私密信息与敏感个人信息的关系进行妥善定位。对此，学界有不同理解，有学者认为敏感信息和私密信息虽然概念不同但所表述的意思几乎一致，都是信息主体不愿公开、不愿为别人所知晓的信息[①]。也有学者基于我国法律文化传统、风俗习惯等多重因素考虑，认为个人敏感信息应当被认为是"关涉个人隐私核心领域、具有高度私密性，对其公开或利用将会对个人造成重大影响的个人信息"[②]，即私密信息与个人敏感信息之间是包含与被包含关系。尽管学界对此存在不同解读，但该问题的实践价值在于确定侵害行为和侵害的民事权益类型。[③] 笔者认为，之所以如此分类是因为两个立法规范的目的不同，《民法典》是基于民事权益保护考虑，目的是正确区分隐私权和个人信息权益的保护方式；《个人信息保护法》是基于规范对个人信息处理行为角度，

---

① 张新宝：《个人信息收集：告知同意原则适用的限制》，《比较法研究》2019年第6期，第1~20页。
② 王洪亮：《〈民法典〉与信息社会——以个人信息为例》，《政法论丛》2020年第4期，第3~14页。
③ 在认定是否存在侵害个人信息的行为时，敏感信息与非敏感信息的区分十分重要；在确定行为非法性之后，需要认定侵害行为所侵害的民事权益类型是什么，在这个层面上，区分私密信息和非私密信息非常重要。

明确信息处理者对敏感个人信息和非敏感个人信息处理的边界，强调了信息处理者在处理敏感个人信息时所承担的义务。①

第二节　数字化治理中的个人信息安全风险

数字化应用在给政府等治理主体带来便利的同时，也容易产生信息安全风险。具体来说，存在着数据监控问题、信息力量失衡问题、数据汇聚隐患问题以及行政方式变革所带来的新问题等，这些都从不同层面影响到个人信息安全，给个人信息带来潜在风险。

一　数据监控限缩了个人信息保护范围

大数据时代，资源和技术的创新推动了对人的监控，从一开始的监控实体到远程监控再到现在的无形监控，每个被监控的实体都有可能被分析，并被数字画像。当前，我们一直致力于发展的数字经济，其最根本的运行模式是在对海量数据收集、整理和分析的基础上对人们生活进行预测和刻画，从而搭建对某一群体针对性服务的应用。在这种模式下，商业经营者通过追求个体的数字足迹来收集个人数据，并通过人工智能技术搭建算法模型对用户进行行为预测，进而转化为商业利润。

同时，数据监控也被广泛运用于政府管理，这为政府出于安全和秩序目的进行的监控权力行使提供了方便和效能。比如在大数据公共安全风险监控中，美国国家安全局和交通安全局的"计算机辅助乘客筛选系统"，对所有乘客信息进行数据挖掘和对比匹配，对可疑人员和可疑情况进行预防处置，提高安全警戒与预

---

① 程啸：《个人信息保护中的敏感信息与私密信息》，《人民法院报》2020年11月19日。

防能力。[①] 再比如，在人脸识别技术方面，它在我国的社区、银行、交通、医院等行业得到较为广泛的应用。如上海在全市范围内部署"车辆牌照识别系统"，其主要功能就在于在特定关卡方面采集车辆信息，为提高交通管理科学化水平提供可靠的数据支撑；北京市已成功借助"互联网+监管"体系的核心数据中心，整合了企业信用信息系统所汇集的数据资源，并结合从互联网渠道获取的多元数据信息，构建起一个全面的市场监管风险预警平台。该平台现已将全市163万家企业的运营动态纳入实时监测范围之内，并针对77类关键行业实施重点监控等。

然而，在我国数字化治理实践中，以安全监控为主的技术安全防范建设中缺失个人信息的边界设定。自2004年以来，我国平安城市建设成效非常显著。技术监控设施从城市到乡村，从公安强制要求安全监控到企事业自主安全监控，摄像头几乎覆盖了公共场所的全部范围。之前我国尚未出台个人信息保护的专门立法，政府在技防工程建设中的个人信息保护意识不强，对于技防设备安装的地点以及如何使用与管理缺乏全面的研究与阐释，造成个人信息安全风险。总的来说，数据监控正在被广泛应用于人类的社会经济活动当中，为人们提供了更为便捷、精准的服务，但也带来了对个人信息权益侵犯的隐忧。如果不受限制地使用大数据监控技术，政府和企业组织对个人信息范畴的介入会不断增强，将使个人信息控制的范围越来越小，甚至可能导致个人私域的彻底失守。

[①] 美国国家安全局和交通安全局的"计算机辅助乘客筛选系统"的运作机制是，将乘客购买机票时提供的姓名、联系地址、电话号码、出生日期等信息输入到商用数据库中，商用数据库则据此将隐含特殊危险等级的数字分值传送给交通安全局；绿色分值的乘客将接受正常筛选，黄色分值的乘客将接受额外筛选，红色分值的乘客将被禁止登机，且有可能受到法律强制性的关照。

二 信息力量失衡引发了个人信息失控风险

自德国宪法提出"信息自决权"以来,信息社会中的隐私保护普遍通过"信息自决"这一概念来促进自主、自决的个人价值的实现。各国的立法工作正积极致力于解决数据主体与数据控制者之间信息不对称的实际问题,并采取了切实有效的措施。在法律层面上,对个人数据的保护范围已显著拓宽,几乎包括了所有涉及个人信息的相关内容。同时,法律赋予了数据主体一系列全新的权利,比如"访问权"等,以确保他们在数字化时代下的权益得到充分保障,并建立"告知—同意"规则,要求数据处理确保公平、合法、安全。

然而,随着数据信息技术的不断更新升级,对个人信息的跨域处理成为常态,对个人信息处理的主体也更加多元,数据主体和数据控制者对数据进行分析、整合的能力各异,而且个人信息的获取主体不只是服务提供商,还有数据中间商(Data Broker)和信息后续利用者(Data User)等多重主体,导致个人对有关自身数据的控制力极度弱化。个体对网络工具、服务的依赖程度越来越高,导致因受制于数据控制者的服务而失去对自身数据的控制,而数据控制者的话语权则越来越大,双方力量始终处于失衡状态。

第一,个人与数据控制者之间信息力量失衡突出表现为信息不对称。在公共行政领域,行政主体往往不需要获得数据主体的同意则可实现对个人信息的收集和处理。行政机关能依据被分析后的数据结果来做出科学决策,比如将信用不良者纳入失信名单等,创建事故易发生地段的地图和时间表等。情报部门的数据监控往往是秘密进行的,成为侵犯个人隐私最隐蔽的地带。

第二,个人与数据控制者之间的技术能力不对称。数据控制者拥有一定的技术优势,能最大限度运用新兴数据分析技术监控个人行为，整合不同地点和时间段的个人行为数据，从而生成个人行动轨迹，并进行长期储存和运用，导致个人的隐私难以被保护。

综上所述，这种双方力量的不对称和信息主体对个人信息的失控引发的个人信息保护风险在于如下方面。

（一）"知情—同意"的处理规则形同虚设

"知情—同意"是个人信息处理的核心规则，也是个人信息保护的基础。"知情—同意"要求在对用户信息进行收集前，告知用户信息运用的范围，用户在做出同意的回答后才可对个人信息进行收集处理。然而此种控制机制在信息化时代遭遇严重冲击。一方面，"知情—同意"规则给用户和信息收集者带来沉重负担。由于信息流转的复杂性和个人信息的多样性，信息收集者在对个人信息收集时难以预测个人信息在未来的运用情况，并且在用户同意前会列出冗长的隐私声明，而用户在提交信息时往往略过隐私声明并直接点击同意授权，导致隐私声明沦为一纸空文。另一方面，用户对个人信息控制权利的行使障碍重重，在个人信息多方流转的数字生态环境下，很多用户并不是在获得充分告知的基础上做出真实的同意表示，甚至是在不知情的情况下就被采集信息，难以对信息收集者行使权利；再者，网络服务提供者也会采用不同意授权则不提供服务的方式来强迫用户授权。

（二）数据共享交易降低了数据主体信任

数字化治理模式要求个人信息在流动中生成价值，因此，政府部门之间或者是企业合作者之间的数据共享普遍存在。例如，京东和腾讯建立战略合作伙伴关系，将双方的用户数据进行深度融合，并转化为可共享资源的流量来提高营销的精准度。而个人数据的共享超出了用户对其个人信息运用的预期，其合法性也应建立在重新获得用户授权的基础上。实践中，数据控制在与第三方共享数据时，往往并不保障数据主体的知情权和信息利用的透明度。曾有学者提出两种解决方案：一是在采集数据时告知用户未来的数据再利用情况，但此种方案难以精准预测未来数据再利用的所有目的；另一种是在数据用于新目的之前，重新获取用户授权，但该方案很难实现获取全部用户的同意。所以数据收集者往往通过一揽子告知的方式获得用户的同意。

（三）数据算法滥用导致个人信息被操纵

大数据算法的个性化预测能力和精准分析能力为社会治理者的决策和行为提供了强大的技术支撑，一旦个性化服务技术被过度运用，也会对社会秩序造成严重破坏。从个性化服务的应用实践视角出发，其技术形式主要划分为两大类别：一类是主动推送机制，即系统根据用户特性与行为模式，精准投放个性化的信息内容；另一类则是个性化内容界面的构建与展示，旨在通过定制化的设计方式，呈现符合用户需求和偏好的页面布局与内容元素。事实上，大数据算法的个性化预测能力和精准分析并非通过有意识的思考来做出决策，反而存在利用用户的认知弱点来影响决策的风险，这种技术被行为经济学家理查德·塞勒和凯斯·桑斯坦称为"助推"技术[1]，当算法被大规模运用于个性化服务时，"助推"技术越灵活，所产生的分析结果对用户的操纵能力越强，将严重威胁决策隐私。凯斯·桑斯坦还曾在其著作《信息乌托邦》中提出"信息茧房"概念，即信息传播中因公众自身的需求并非全方位的，公众只注意自己选择的东西和使自己愉悦的通信领域，久而久之，会将自身桎梏于像蚕茧一样的茧房中。[2] 从这个角度来说，用户偏向于浏览自己感兴趣的内容，"信息茧房"

---

[1] 〔美〕理查德·塞勒、卡斯·桑斯坦：《助推——如何做出有关健康、财富与幸福的最佳决策》，刘宁译，中信出版社，2018。

[2] 〔美〕凯斯·R. 桑斯坦：《信息乌托邦：众人如何生产知识》，毕竞悦译，法律出版社，2008。

现象的出现也符合用户的需求。但一旦关注同质内容,则更容易陷进去,而失去对世界的多维认知。

法哲学家约瑟夫·拉兹认为,个人自主权不仅赋予个人描绘自己生活的能力,还要提供个人一系列可接受的选择的机会。[①] 在致力于保护信息安全和个人自由的社会,个性化服务技术的滥用其实限制了个人选择的空间,个人自主权被弱化。

三 数据汇聚增加了个人信息规模泄露风险

在数字化治理进程中,数据集聚现象经常存在。随着人工智能技术、云计算的普及,企业、政府将客户数据、政务数据迁移到云端,一旦信息泄露,对用户隐私、财产甚至人身安全都带来系统性风险。

根据闪捷信息安全与战略研究中心编制的《2020年度数据泄漏态势分析报告》,在所有的数据泄露事件中,关于个人自然信息的泄露占比超过60%(见图2-1),个人信息泄露最严重的是互联网行业[②](见图2-2)。其中,个人信息可分为个人自然信息、个人身份鉴别信息、个人行为信息和个人关系信息等子类。

研究中发现,个人信息安全问题主要来自外部人员或内部人员的恶意泄露,如图2-3所示。首先,黑客恶意窃取数据这是目前个人信息泄露的主要因素。数字化时代,数据的攻击窃取已形成了包括窃取、贩卖,甚至利用数据诈骗实施犯罪的一条较成熟的黑色产业链。其中,由黑客侵入系统而窃取一些个人数据已经成为这一产业链的一个重要环节。

---

① 〔英〕约瑟夫·拉兹:《自由的道德》,孙晓春等译,吉林人民出版社,2006,第398页。
② 主要包括社交网站、在线招聘网站、数字营销公司、约会网站以及以互联网形式运作的教育、金融等企业和组织机构等。

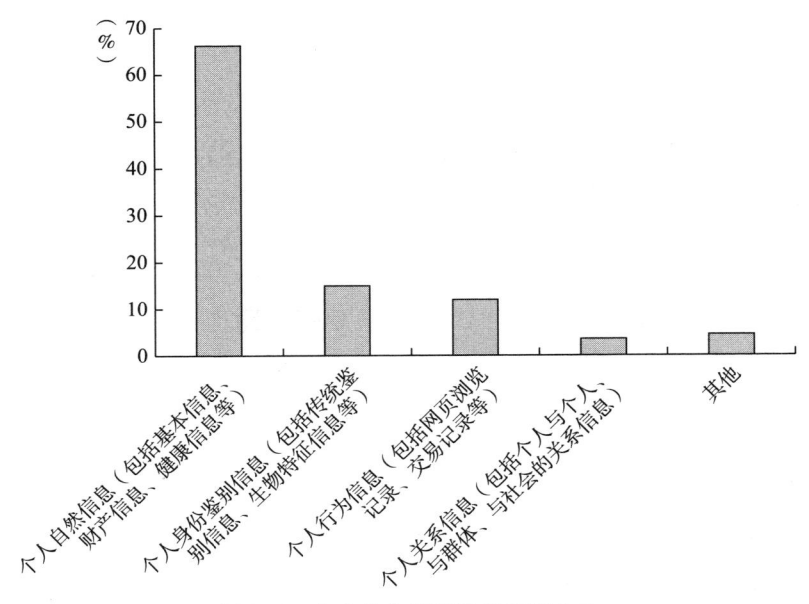

图 2-1 个人信息泄露数据类型占比

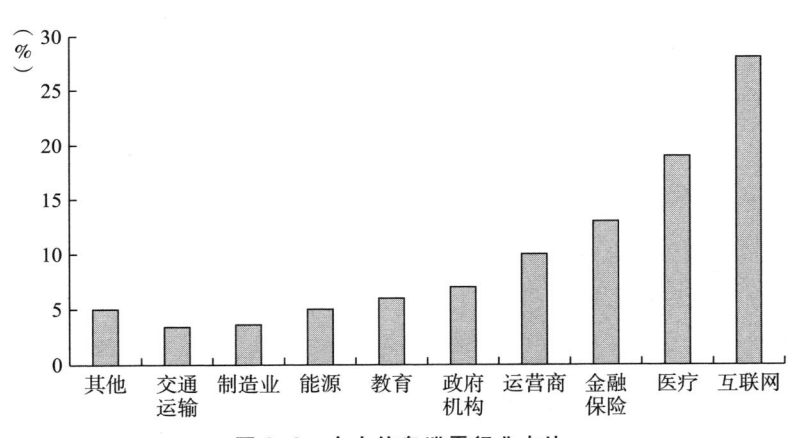

图 2-2 个人信息泄露行业占比

图 2-3 数据泄露人员类型占比

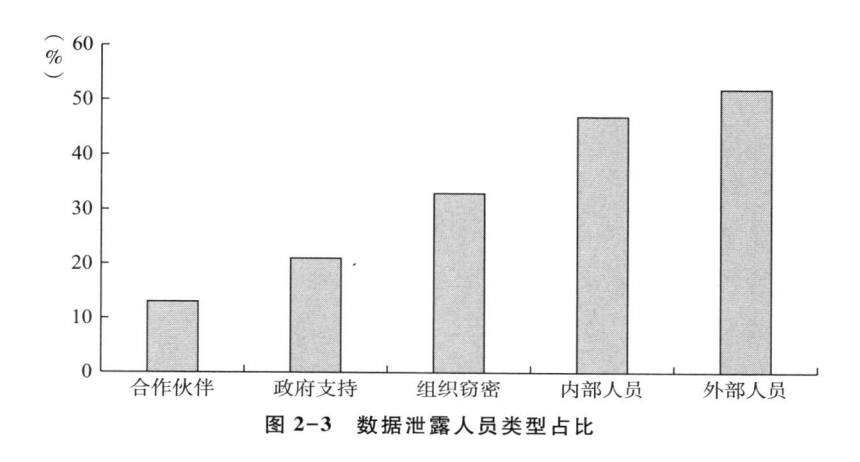

再者，组织内部人员泄露数据难以防范，从统计数据来看，内部人员造成的数据泄露占比接近 50%，包括主动泄密和过失泄密。在主动泄密类型中，主要是基于利益驱动或是被外部人员欺骗，或是对企业有不满情绪而泄露；在过失泄密类型中，主要是安全意识缺失或是数据管理不规范。此外，安全防护措施的缺失或不足亦是导致个人信息泄露现象频发的重要原因之一。尽管我国法律法规已经明确规定数据控制者有对个人信息保护的义务，但在实际中基于责任意识不到位，并出于成本、技术的考虑，必要的安全防护措施往往得不到实施。

四 行政方式变革提升了个人信息保护难度

数字化治理模式下，行政方式被重塑，得益于行政管理和服务的高效推行，传统的对特定时空条件的依赖得以有效突破。借助数据自动化处理技术，行政执法人员能够在无须亲临现场的情况下顺利完成整个执法流程，实现了"足不出户"的远程执法操作。在这个过程中，个人信息的收集利用与处理密切关联，政治的治理也将更为有效，而且也能保障其决策更为准确与科学，行政效率也得到了较大的提升。数据驱动了政府行政方式的变革，在个人数据收集、处理和利用等方面重塑了政府进行社会治理的模式。

一是数据收集方式由片面化向全景化转变。当前,在社会治理中,数字技术被广泛用于风险预警、社会信用建设、犯罪侦查等各个领域。近年来,我国已连续制定并推出了一系列法律法规,旨在积极推动大数据技术在社会治理中的广泛应用。同时,实现数据的全面、立体化收集,已然成为开展高效社会治理不可或缺的基础条件之一。因政府无论执法还是进行社会风险预警、开展公共服务等,数据的互联共享以及高效利用都显得十分必要。以大数据在刑事犯罪调查中的应用为例,在案件调查过程中,公安部门借助算法和大数据决策原理,全景式收集和整合数据,模拟犯罪动画掌握犯罪行为模式,实现对犯罪的精准打击。例如,2021年检察机关通过智慧监督平台,发现侦查违法案件线索17万件、民事虚假诉讼等违法线索1.6万件;再如,沈阳市纪委通过对比25亿条政府数据发现骗领社保、医保的人员以及政府工程中的贪腐行为。[1]

二是数据利用理念从独享向共享转变。因数据驱动下的传统行政方式重塑,还要用数据进行内部整合。在传统的行政运作模式下,部门管理的分割性特征导致形成了相对封闭的系统结构。各部门之间信息交流渠道不畅,难以实现政府内部信息的有效共享。然而,在步入数字化治理的新阶段后,"一网通办"的理念与实践得以推行,这一变革有力地打破了政府各部门间的信息壁垒,促使信息流通更加顺畅,消除了信息孤岛,围绕着数据的分析以及再利用就形成了"集中型"具有连续性的信息共享体系,不用再单独进行处置。此外,数据驱动行政方式的变革还在于从

---

[1] 庞礴:《沈阳纪委监委交叉比对25亿条政府数据 挖掘贪腐线索》,《新京报》2019年5月24日。

事后追溯转向事前预测。正如戴维·里昂（David Lyon）所言，随着政治经济和社会技术环境的改变，监控方式也正经历变革。[①]一般而言，事后的信息收集是有限的，它的着重点在于关注特定的人或事；而事前预测则是通过数据监控平台，实时汇总并综合分析各种公共安全数据和资料，为执法人员快速准确应对提供科学依据，发现管理对象行为的可疑性，并预测其违法模式和行为模式，从而在事前进行干预。[②]

对数字化治理中关于行政方式变革进行相应梳理后可以发现，数字技术与行政管理的深度融合意味着行政机关有可能对公民个人信息进行更为广泛且深入的收集、处理和再利用。其中，特别要注意的是指纹、人脸识别等生物数据被广泛应用于社会治理的诸多场景。对此，耶鲁大学法学院的宪法学专家杰克·巴尔金教授曾经指出，若权力机构对大数据监控能力的运用不加任何约束地持续扩大，将不可避免地催生"全面监控国家"的现象。在其所描绘的图景中，为了提升行政效能，政府通过广泛收集、深度分析、高效处理和有序流转海量数据，实现对社会各领域的全面监测。在此过程中，个人数据扮演了政府推进社会治理工作的重要工具角色。从具体的行政活动实践看，行政方式变革背景下的个人信息保护风险主要表现为以下三个方面。

（一）自动化行政导致了个人信息被过度收集

在数字化治理中，出于发展电子政务、建立数字型政府的需要，以政务服务 App、小程序、微博为代表的电子政务服务渠道

[①] David Lyon, "Surveillance, Snowden, and Big Data: Capacities, Consequences, Critique," *Big Date & Society*, Vol.1 (2), 2014, pp.1-13.

[②] 实际上，通过大数据分析技术预测某人可能实施违法行为或犯罪活动，从本质来说是一个概率问题，预测结果可能是正确的，但不可忽视的问题在于，这种预测缺乏严密的科学审查，缺乏权力制衡理念下的外部监督，很容易导致权力滥用。

迅猛发展，各级行政机关通过独立的政务 App 采集了大量的个人信息。中国信通院发布的《政务服务移动 App 发展情况研究报告》表明，截至 2017 年底，全国有政务服务 App2393 个；此外，根据中山大学联合腾讯云、腾讯研究院共同发布的《移动政务报告 2021——小程序时代与移动政务 3.0》，2020 年全国范围政务小程序总量已超 6 万个，比 2019 年同期增加 52%。政务 App 数量繁多，造成了严重的形式主义问题，浪费了大量政府资源。

再者，由于各地网上的政务服务平台大多是基于已有的网络基础设施、业务系统，基本采用独立模式建设，信息资源孤岛问题的存在，致使个人信息在不必要的重复收集过程中面临着泄露风险。除了个人信息重复收集问题外，在行政自动化过程中还存在个人信息被过度收集甚至违法收集的风险。很多政务 App 的开发盲目跟风，系统状态差，存在较大安全隐患，黑客轻易进入官方系统窃取用户信息的情况时有发生，而在个人信息遭到泄露事件发生后，用户也会陷入投诉无门的境地。

此外，部分地方政府在推行数字化治理过程中，工作方式略显单一，过分倚重"数据跑路"模式所带来的效率优势，却在一定程度上忽略了在依法行政原则框架下对公民个人信息收集行为进行充分的合法性论证。

(二) 政府巨型数据库冲击着隐私权合理期待理论

在前信息社会时代，隐私合理期待理论的提出，为界定公私领域之间的界限提供了一个社会广泛认同的标准依据。然而，数字化治理发展过程中应运而生的政府巨型数据库给隐私合理期待理论在物理世界中所具有的正当性带来冲击，如公安部门的人口信息管理系统、出入境证件信息资源库、全国违法犯罪信息中心等。

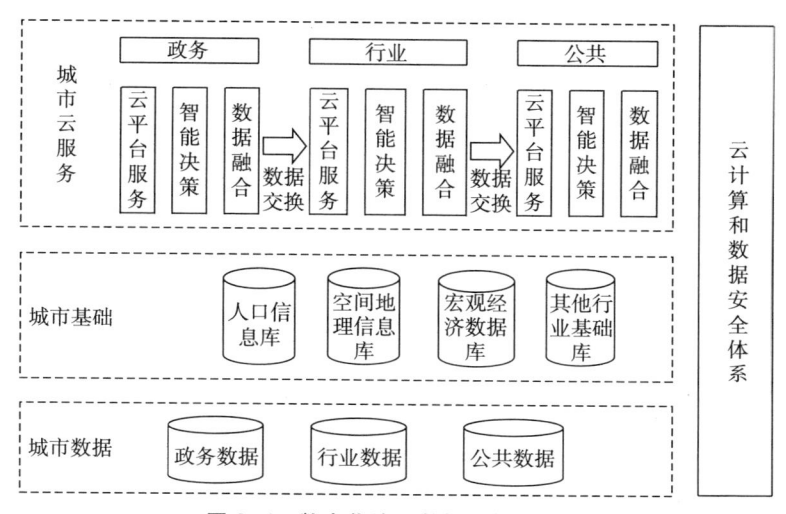

图 2-4　数字化治理数据库体系架构

政府基于行政效率的提升和管理的方便建立巨型数据库，其中，个人数据是政府巨型数据库的核心要件，而个体无法确定政府收集、处理个人信息的范围，从这方面讲，公民个人信息保护的观念和制度设计是缺失的。尽管具体的某个数据库并不必然表明政府对个人信息的全面掌握，但为最大限度挖掘数据的价值，对数据的治理越来越提倡数据共享。随着政府内部数据孤岛现象的逐渐消除，各系统间的数据得以集中整合、统一管理和广泛共享，这一进程也相应增加了数据自身所面临的安全风险。也就是说，如果不对政府数据库进行严格管理，有可能发生大面积的侵权事件。

此外，在大数据时代，政府和企业相互依存，互相影响，很多商业组织也具备一定的数据收集和分析能力。为了有效应对风险，提高行政效率，行政机关与私人企业在数据挖掘和信息共享等方面建立了伙伴关系。当前，已有部分国家通过立法对网络服务商规定了数据留存①、数据协助解密甚至数据本地化存储等义务。由此，行政部门掌控的个人数据体量更加庞大。总而言之，政府本身所拥有的巨型数据库以及通过企业、通信服务商获得大量数据的事实让人们更加意识到数据的运用、监控将对个人隐私权造成侵犯。

（三）行政主体多元带来个人信息保护新威胁

随着公平、正义与公正等价值理念在行政活动价值体系中地位的逐渐彰显，越来越要求行政权力的分散行使与全面控制。为顺应这一发展趋势，当今世界很多国家和地区将部分行政权力交由非行政机关行使。由此，行政主体的外延已经超出了原来行政机关的范围，行政主体的体系机构从金字塔型的等级制向平行网络化发展。纵然，行政主体多元化对于一国民主政治的发展具有积极的推动作用，但对行政相对人的个人信息保护带来了新的威胁。一方面，行政主体的类型变得复杂多样，既有公法主体（如行政机关）也有私法主体（如行政机关授权或委托的组织），既有法人团体也有非法人团体。它们不仅设立条件与存续规则不同，且责任承担方式也各有不同，导致立法者很难以统一的标准对所有行政主体行为加以约束，这就很容易为行政主体滥用行政权力侵害个人信息权益留下空间。另一方面，行政分权带来的直接后果就是行政主体收集与利用个人信息的行为在很多情况下会隐秘地实施，行政相对人根本无法知情，无疑增加了个人信息权益被侵害的风险。此外，在行政主体多元化加深的背景下，行政组织之间协作的地域范围将会不断拓宽以致超越国界，必然导致对行政相对人个人信息收集、处理与流通的行为国际化与全球化，

---

① 当前，数据留存的制度价值主要与打击恐怖主义、国家安全、公共安全直接挂钩，它已经由过去配合侦查与执法的一种辅助手段上升为保障国家安全的一种方法手段。

对信息主体来说，一旦发生侵害事实，将很难掌握相关情况。

第三节 个人信息安全风险的生成根源

数字化时代，政府往往在行使公权力的过程中有意无意产生侵犯个人信息权益行为，引发个人信息安全风险。在个人信息保护和数字化治理的博弈中，造成个人信息安全风险的原因主要有以下三种。

一 个人信息保护观念发展不成熟

学者高志明指出，中国法律文化深受历史上传统自给自足小农经济形态的影响，形成了显著的"避诉"倾向特征。人们对于通过正当途径如诉讼或打官司来维护自身权益的行为持有保留态度，普遍倾向于避免采用法律手段捍卫个人权利。[①] 在此传统观念的影响之下，人们一般都愿意用其隐私与个人信息去换取相对安全的生活环境。在这种比较保守的状态下，人们都自觉地进行自我约束，且愿意接受公众的监视，人们当时更注重的是安全。在现代社会里，由于居所不定，不确定因素多，大家对现实以及网络安全的愿望也更为强烈。比如，为了保障社会秩序和公共安全，人们在一定程度上妥协了自身的隐私权和个人信息权益，接纳并允许社会监控系统全面覆盖至公共场所的各个区域。这一现象已悄然融入人们的日常社会生活之中。

个人信息权益是人的个体性和社会性相冲突的权利，而且当数字技术将个体活动置于公众时，人们就开始重视个人信息的保护了，对个人信息的保护呼声才得以出现并要求重视。随着市场经济的发展，我国公民维护个人权利的意识开始觉醒，维护权利

---

① 高志明：《法律与权利》，中国社会出版社，2004，第6页。

的行为也趋向自觉。个人信息权益作为具有人格属性的私权利，其重要性也不断提高。但从整体上看，由于个体主义文化价值的传统缺失，我国公民个人信息权利意识的发展不平衡，当个人生活面临道德和公序良俗裁判时，个人信息保护的呼声也无法激起水花。

当前，我国整个社会的个人信息权利观念尚不成熟。数字化治理中，当公权力部门或企业等出于公共利益目的并代表集体意志时，个人信息保护也会逐步弱化。总之，个人信息保护观念的不成熟，导致公权力在行使过程中缺乏对个人信息有力保护的现象依然存在。

二 政府行政权力统治的惯性仍存在

当前，在现代国家政治制度的架构中，行政权的行使有两大要素，包括强制性和命令禁止性。对我国而言，政府行政模式的发展状态正处于管理型向服务型转型过渡期，在一定程度上实现了政府由"权力本位"向"公民本位"的转移，潜在地展示了服务的意识。但在现实生活中，政府的职责在于履行公共管理职能，缓和矛盾冲突，以实现社会的安定有序，并"把冲突保持在'秩序'的范围以内"①。尽管提供各项公共服务是政府履行职能的重要形式，但政府并未能总是有效地为广大人民提供公共服务。行政权的统治色彩依然浓厚，以公共事务的管理为中心、以命令—执行方式为特征的一种自上而下的权力行使惯性依然存在。近年来，随着我国市场经济的发展，培养了公民多方面的权利意识，这也在一定程度上推动了个体权利保护的发展。比如在个人信息保护方面，也有群众对政府过度收集和运用个人信息发出否定的声音，但由于统治惯性的存在，一些行政强制和命令依

---

① 《马克思恩格斯选集》第四卷，人民出版社，1995，第170页。

然存在，在一定程度上引发了数字化治理中个人信息安全风险。

三 个人信息保护法制建设不完善

在个人信息保护观念相对滞后、行政权力行使易形成路径依赖的现实背景下，若未能构建起健全的个人信息保护法体系以及对行政权力的有效约束机制，在数字化治理过程中，政府行政行为侵犯公民个人信息权益的现象将难以避免地频繁出现。比如，为加强市场监管、防范风险预警，政府机构之间的信息实现互联共享。不断有人对此提出疑问，政府机构之间的个人信息共享是否合法。[①] 当前，我国已出台专门的《个人信息保护法》，关于个人信息保护的相关法条也同时见于民法、刑法等相关法律中，例如刑法中对侵犯公民个人信息罪的规定，《民法典》中对个人信息权益保护的专门表述等，但总体来看尚未明确数字化时代政府行政权行使的边界。此外，针对个人信息公开和隐私权保护，二者涉及的价值诉求和社会功能有所差异，造成的立法不同步等矛盾也导致了个人信息安全面临较大风险的客观现实。

[①] 在国外，关于政府机构间的信息共享是严格受到控制的，英国推行公民身份号码受到阻碍，就是因为国会和民众都认为，不能让政府掌握公民个人的全部私人活动，不能在不同政府机构之间实行无条件的个人信息共享。

第三章　数字化治理中个人信息保护现状及权利冲突

数字化治理的核心在于依托迅速发展的新兴技术，政府、社会、企业、公民协同治理的一种新型治理模式。在数字时代保障个人信息安全需要借助技术规范、伦理规范、自律规范和法律规范等诸多手段，法律规范是保障个人信息安全的最后保障。在我们努力对个人信息进行全面法律保护的同时，个人信息在社会治理、商业活动中被充分利用已然成为当下不可回避的社会现实，经济社会的发展要求部分个人信息的让渡，而个人信息的让渡不可避免会造成权益受损，如何平衡数字化治理中相关主体的权益差异是个人信息保护实践中面临的最大困难。

第一节　我国及世界多国个人信息的法律保护现状

个人信息的法律保护是近年来整个法律界都在重点思考的问题，各个部门法领域的专家都从各自的角度出发，提出个人信息保护的具体方案。整体来看，个人信息法律保护主要是从立法供给、行政执法和司法保护三个层面发力，从整体上推动我国个人信息保护力度的提升。

一 个人信息的立法保护

个人信息的立法保护因时而立，因需而立，其主要是从个人信息保护角度立法，制定个人信息保护的法律规范，从而推动个人信息的保护。而个人信息的立法保护在个人信息保护中处于基础性地位，个人信息的行政执法保护和司法保护都有赖于立法为个人信息保护提供的法律供给。

（一）国外个人信息立法保护趋势

数字化时代，个人信息保护立法需兼顾信息主体权益的保护和数据商业价值的发挥，如何通过立法规制数据保护与利用，成为全球关注的重要议题。当前，世界各国依据本国实际和价值选择，构建了不同的数据保护模式，数据立法进入新高潮。

从1970年德国黑森州颁布了世界上第一部专门针对个人数据保护的法律以来，世界各国开启了制定关于个人信息保护法律法规的探索。截至2021年8月25日，根据UNCTAD（联合国贸易和发展会议）的统计，数据和个人隐私保护已成为全球关注的焦点，全球已有128个国家通过了相关法律，采取了积极的法规立法。早期个人信息保护立法的典型代表有1973年瑞典颁布的《个人数据保护法案》、1974年美国的《隐私权法案》、1977年德国的《联邦数据保护法案》等。在联邦德国，1977年个人数据保护法制定的主要推动因素是政府兴建了许多大型综合数据银行和广泛用于各类行政目的的独特的个人识别码，新技术的应用加剧了人们的不信任感。[1] 瑞典推动数据保护立法的原因尤其考虑到当时瑞典是全球计算机化程度最高的国家之一。政府对计算机带

---

[1] David H. Flaherty, *Protecting Privacy in Surveillance Societies—The Federal Republic of Germany, Sweden, Franc, Canada, and the United States*, The University of North Carolina Press, Chapel Hill and London 1989, pp. 94-98.

来的行政效率的提升十分期待。法国数据保护法的制定是公众对SAFAARI项目[①]强烈抗议的结果，该法关注的核心是计算机技术对社会的一般影响，因此不限于隐私权，还包括更广泛的人权和基本自由。

进入21世纪，个人信息保护立法日益受到重视，涌现了一批充分反映全球个人信息发展实践的个人信息保护立法。比如俄罗斯数字产业部于2021年3月修订了联邦法律"关于个人数据"的修正法律草案，规定个人数据的匿名化只能在获得个人同意或者在俄罗斯联邦法律规定的情况下进行，对于匿名数据，企业具有自由处理权限，该规定在强化对个人数据主体合法权益保障的同时，也注重企业和产业的发展利益；此外，该法还对数据传输给第三方的行为做了严格规制，规定除匿名数据外，禁止将信息传输给识别特定人的第三方，降低了个人信息被滥用、泄露的风险。

总体上，个人信息保护的立法实践在全球范围内大致划分为两大法系路径：一类是以欧盟为代表的大陆法系国家和地区，其在立法实践中侧重于全面构建统一、严谨的个人信息保护框架。这些国家以个人对自身信息的自决权为核心理念，制定了覆盖政府机构与所有商业领域的详尽法规体系，旨在确立统一的标准和规则，严格规制个人信息从收集、处理到利用的全过程。另一类则是以美国为代表的英美法系国家，在个人信息保护立法上倾向于采取分散式立法策略，强调以隐私权为基石来保障个人信息安全。此类国家要求不论是政府部门还是商业实体，在处理个人信息时必须立足于尊重并维护信息主体的隐私权益，确保个人信息的合理使用，并未制定一部统一的综合性个人信息保护法典，而

[①] 该项目是由法国政府推动的，旨在将个人识别号适用于所有公共登记、行政记录、大型数据库和计算机网络的行政现代化计划。

是通过一系列法律法规对不同领域内的个人信息活动进行规范。[①] 相较而言，美国对个人信息保护的立法采取实用主义态度，认为法律是要遵守的，违法的代价应该是高昂的；欧盟立法者则基于客观立场，更强调个人权利和鼓励竞争。[②] 尽管如此，但考虑到市场经济活动的必然需求等因素，欧美在个人信息保护政策上有所妥协并相互吸收对方制度中的合理成分，比如欧盟和美国于2000年达成的《安全港协定》。除此之外，其他国家和地区则是在欧美实践的基础上，进行本国和本地区个人信息保护领域的立法实践探索，并结合信息技术发展不断进行自我完善。[③]

比如，韩国以个人信息为立法保护对象，基本延续欧盟"个人信息自决权"的理念，以"保障每个人都有权决定是否将个人数据信息交付他人、社会组织和国家"为核心，确保信息主体对其个人信息的知情、控制。[④] 为平衡好个人数据保护和使用间的关系，建立一套完善的个人数据保护的法律框架和保护运行机制，韩国于2021年9月对《个人信息保护法》《信用信息的利用及保护法》《信息通信网利用促进及信息保护法》进行修订整合，废除信息通信领域个人信息保护的特殊规定，明确《个人信息保护法》适用于所有信息处理者，引入个人信息可携带权及对自动化决策的拒绝权，建立移动型音像仪器处理个人信息的相关规则，以防止可能对个人基本权利的侵犯；设立个人信息纠纷调解委员会，并赋予其对案件事实的调查权，有权要求个人信息处理者给予必要协助，确保公民权利及时得到救济。

[①] 姚朝兵：《个人信息信用隐私保护的制度构建——欧盟及美国立法对我国的启示》，《情报理论与实践》2013年第3期，第20~24页。

[②] Why big tech should fear Europe [J]. The Economist, 2019-03-23. (3).

[③] Joel R. Reidenberg, "Resolving Conflicting International Data Privacy Rules in Cyberspace," *Stanford Law Review* 52 (2000): 1315.

[④] 康贞花：《韩国〈个人信息保护法〉的主要特色及对中国的立法启示》，《延边大学学报（社会科学版）》2012年第4期，第66~72页。

日本对于个人信息保护立法兼采欧盟统一保护的立法经验和美国实用主义立法方法，在制定规制政府部门、私营企业个人信息处理行为的综合性个人信息保护基本法的基础上，特别注重对重点行业的特别立法、行业自律和第三方监督。不仅有涉及中央政府部门处理个人信息的立法规定，对于非政府商业领域的个人信息处理，也制定了《关于民间部门个人信息保护指导方针》等，以追求个人信息权益保护和信息应用之间的平衡。

新加坡对于个人信息保护侧重于强调个人数据不受机构的侵害，并建立了相对完善的法律救济机制。近年来，新加坡一直致力于个人数据保护法律体系的完善，比如2020年5月14日的《个人数据保护法（修订）草案》中，进一步强化机构对于公民个人数据的保护义务，规定机构必须采取合理安全的措施。此外，该修订草案还引入欧盟数据可携带权立法，对数据可携带权和数据传输义务进行了详细规定，数据可携带权的确立意味着允许个人要求将与其自身相关的数据从一个组织传输到另一个组织，防止个人被锁定到一种服务中，确保个人可以切换到新服务中，不仅能够强化机构之间的竞争，有利于保护消费者权益，而且可以促进在行业内部和行业间共享数据，这会带来数据流动的新型生态。

当前，在制定个人信息保护法律时，除了深入探讨权力机构运用大数据技术持续强化社会监控能力对个人信息安全构成的风险，同样要密切关注一系列新兴问题，如科技巨头滥用算法进行社会操控的现象，以及大规模个人数据流动对信息安全造成的潜在威胁。全球对于个人信息保护的立法风潮体现出两个鲜明特征：一是信息主体的权利不断强化，二是信息控制者的责任更加明晰。在大数据时代背景下，如何在确保数据能够自由流通的同时，又能有效维护个人信息主体的自主权利不受侵害，这一议题在当前理论探索和实践操作中均备受瞩目。个人信息的立法保护是一项复杂的系统工程,涉及宪法、普通法、部门法及各种规章制度,涉及法律法规的规定是否明确、覆盖范围是否广泛、惩罚力度是否足够、是否设立专门的执法机构等。我们可以从国外的立法实践中汲取一些经验和启示。

其一,为了适应新技术不断涌现、商业模式不断变革的现状,个人信息的法律保护框架需要不断修订和更新。以欧洲为例,欧盟制定的《通用数据保护法》(GDPR)是个人信息保护立法上的一次重大突破,它提出了许多重要新原则,欧盟强调个人信息的保护和监管,为数据主体赋予更多个人数据权利,推动了欧盟成员国内建立统一、高水平的个人信息保护框架,以适应数字经济时代的发展。在面对人工智能时代个人信息引发的隐私和安全等系统性风险时,欧盟更倾向于采用主动性、强制性和灵活性为特征的公法机制,构建个人信息保护机制。从"108号公约"到"95指令"再到"GDPR",欧盟一直致力于建立"指导性行业标准+强制性法律规范"的双重数据规范体系和"企业自我规制+政府规制"的双重数据治理体系。[1] 这些都对全球个人数据保护立法产生了深远的影响。

其二,无论是从立法、伦理还是自律方面考虑,个人信息的保护都需要分类、分级进行,不宜实行一刀切。"一刀切"的保护标准和行为规范会阻碍个人信息的自由流动和价值挖掘。[2] 比如,美国等分散立法模式的内在动机就是避免立法权力的过度膨胀,干预政府行政和正常的商业活动,其最大的优势在于立法目的明确、针对性较强,根据不同的领域和场景下的个人信息侵权

---

[1] 高富平:《个人数据保护和利用国际规则:源流与趋势》,法律出版社,2016,第123~124页。
[2] 〔英〕戴恩·罗兰德、伊丽莎白·麦克唐纳:《信息技术法》,宋连斌、林一飞、吕国民译,武汉大学出版社,2004。

行为进行针对性保护，避免统一立法"一刀切"的武断性。越来越多的国家和地区在立法中，会更加体现个人信息保护和商业利用之间进行平衡的思想。比如对敏感个人信息予以特别保护、对非敏感信息予以一般性保护等，可以有效平衡个人信息权益保护与公共利益之间的关系。

（二）我国个人信息立法保护现状

1. 我国个人信息保护立法概述

在《中华人民共和国个人信息保护法》制定实施之前，《中华人民共和国民法典》《中华人民共和国电子商务法》《中华人民共和国网络安全法》等法律均涉及个人信息保护问题；同时，涉及不同行业、不同领域的各类个人信息保护也有针对性规定（见表3-1）。行政法规中对于个人信息保护的规定，主要集中在公权力行使的领域以及公权力特许的互联网地图服务、银行、铁路运输企业等领域，如《居住证暂行条例》《地图管理条例》《铁路安全管理条例》《社会救助暂行办法》等，保护模式基本是保密和高度概括的依法处分、处罚或追究刑事责任。除了对身份证件、居住证信息以及社会救助等具体个人信息内容做出明确具体的法律规定外，其他诸多方面对于个人信息保护的规定大多停留在原则性、概括性的层面。而且，这些分散的条款与构建完整的个人信息保护法律体系之间尚未形成紧密的逻辑关联和有效衔接。因此，在当前法律对于个人信息保护相对零散且不够精细的情况下，行政法规虽在一定程度上拓展了个人信息保护的行政管理范畴，但其实际发挥的作用尚不显著。

第三章 数字化治理中个人信息保护现状及权利冲突

表 3-1 我国个人信息保护立法一览

法律规范	规制主体	执法主体	法律责任	相关条文
《消费者权益保护法》	经营者	有关法律、法规有规定的，依照法律、法规规定执行；法律、法规未作规定的，由工商行政管理部门或者其他有关行政部门执法	民事责任、行政处罚	第十四条 消费者享有个人信息依法得到保护的权利；第二十九条 经营者收集、使用消费者个人信息必须合法、正当、必要，收集、使用消费者个人信息应当公开其收集、使用规则，不得违法、违约。
《传染病防治法》	疾病预防控制机构、负有责任的主管人员和其他直接责任人员、医疗机构	卫生行政部门	行政处罚、刑事责任	第六十八、六十九条 规定疾病预防控制机构、负有责任的主管人员和其他直接责任人员、医疗机构不得故意泄露传染病病人、疑似传染病病人、密切接触者涉及个人隐私的有关信息、资料。
《统计法》	统计机构和统计人员	任免机关或监察机关	依法处分	第三十九条 县级以上人民政府统计机构或者有关部门有下列行为之一的，对直接负责的主管人员和其他直接责任人员由任免机关或者监察机关依法给予处分：……（二）泄露统计调查对象提供的商业秘密、个人信息或者推断单个统计调查对象身份的资料的；……
《广告法》	广告主、广告经营者、广告发布者	市场监督管理部门	民事责任、行政处罚	第九条 广告不得有下列情形：……（六）危害人身、财产安全，泄露个人隐私；……

81

续表

法律规范	规制主体	执法主体	法律责任	相关条文
《电子商务法》	电子商务经营者	国务院有关部门按照职责分工负责监管工作。县级以上地方政府可以根据本区域实际情况确定部门职责划分	民事责任	第二十三条、第二十四条、第二十四条等规定了电子商务经营者对用户信息的保护义务
《网络安全法》	网络运营者，网络产品、服务提供者	国家网信部门负责统筹协调，国务院电信主管部门、公安部门和其他有关机关在各自职责范围内负责网络安全保护和监督管理工作。县级以上地方政府按照相关规定确定职能部门的网络安全工作	行政处罚、民事责任	该法第四章对个人信息保护问题作了规定，沿袭了《关于加强网络信息保护的决定》《消费者权益保护法》等已有制度和规定，明确了个人信息定义、最少够用原则以及匿名化信息可对外提供等，网络运营者的用户信息保护义务，在当时《个人信息保护法》尚未制定的情况下，成为法律层面关于个人信息保护最权威的规定
《居民身份证法》	国家机关或者金融、电信、交通、教育、医疗等单位的工作人员	公安机关	行政处罚、刑事责任、民事责任	第十九条、第二十条规定了相关人员泄露在履职过程中获得的居民身份证记载的公民个人信息的行为应承担的法律责任
《邮政法》	邮政企业、快递企业及其从业人员	邮政管理部门	行政处罚、刑事责任	第三十五条 任何单位和个人不得私自开拆、隐匿、毁弃他人邮件。除法律另有规定外，邮政企业及其从业人员不得向任何单位或者个人泄露用户使用邮政服务的信息。

82

续表

法律规范	规制主体	执法主体	法律责任	相关条文
《未成年人保护法》	信息处理者	由公安、网信、电信、广播电视、文化和旅游、新闻出版等有关部门按照职责分工处理	行政处罚	第七十二条 信息处理者通过网络处理未成年人个人信息的，应当遵循合法、正当和必要的原则。
《旅游法》	旅游经营者	县级以上人民政府旅游主管部门和有关部门依照本法和有关法律、法规规定，在各自职责范围内对旅游市场实施监督管理	行政处罚	第五十二条 旅游经营者及其在经营活动中知悉的旅游者个人信息，应当予以保密。
《刑法修正案（九）》	不特定主体	—	刑事责任	第二百五十三条之一修为："违反国家有关规定，向他人出售或者提供公民个人信息，情节严重的，处三年以下有期徒刑或者拘役，并处或者单处罚金；情节特别严重的，处三年以上七年以下有期徒刑，并处罚金。"
《民法典》	任何组织或个人	—	民事责任	《民法典》人格权编第六章对隐私权和个人信息保护均做出相关规定

83

通过上述梳理，可以发现我国个人信息的立法保护，主要是在各级法律规范文件中对个人信息进行分散保护，尽管征信行业与网络空间的个人信息保护已有了专门的法律规定，然而在特定领域的个人信息保护力度却显得相对不足，暴露出了明显的缺陷。具体问题体现在：保护对象界定模糊不清、信息主体权益未能充分确立、权利义务关系不够健全以及法律责任落实不力等多个层面。这些不足之处导致了即使存在大量的规范性文件，个人信息保护相关规定在实际运作中仍难以发挥其应有的效能。

2. 关于《个人信息保护法》的解读

其实，对于制定专门的个人信息保护法律的呼声由来已久。学术界与实务界普遍期望通过制定一部统一且全面的个人信息保护法律，以解决当前在个人信息保护领域内法律供给不足的问题，实现对该领域的有效规范和治理。《个人信息保护法》在与《民法典》《网络安全法》等法律规定保持一致性的基础上，进一步明确了个人信息权利，强化了信息处理者的义务，丰富了个人信息保护规则，完善了个人信息法律救济机制，这些都构成个人信息保护立法的突出亮点，回应了数字时代个人信息保护需求。

作为个人信息保护领域的专门立法，《个人信息保护法》对个人信息处理的原则和规则进行了规定，涵盖了个人信息处理的不同环节、不同信息种类及处理方式，使个人信息权益得到有效的制度保障，但部分规定依然显得较为笼统而不够细致，需要进一步细化完善。

其一，《个人信息保护法》并未彻底解决行政监管和职权的问题。根据《个人信息保护法》第六十条规定，国家网信部门对个人信息保护负有"统筹协调"职能，国务院有关部门可"依照本法和有关法律、行政法规"，在其职责范围内负责监管工作，这意味着当其他法律、行政法规对行政机关的个人信息保护职责有规定时，可能会因为单行立法之间的立场不一致而引发执法冲突。由于根据我国现行行政组织法，国务院各部门的职能很多情况下是由具体领域的单行立法来确定，而具体领域立法多由行业主管部门起草，出现执法权限分散和冲突问题的可能性较大。[①]同时，《个人信息保护法》规定的巨额罚款制度可能会在某种程度上加剧这种冲突。

其二，《个人信息保护法》近乎"空白授权"的法律机制容易面临合法性风险。比如根据第六十二条的规定，国家网信部门可"针对小型个人信息处理者，制定专门的个人信息保护规则、标准"，但该条并未明确如何界定"小型个人信息处理者"，针对此特殊对象该形成怎样的规则？[②] 除此之外，《个人信息保护法》的实施还有赖于配套机制的落实，比如第五十二条关于"达到国家网信部门规定数量"标准的界定、第五十八条中"提供重要互联网平台服务、用户数量巨大、业务类型复杂的个人信息处理者"的界定，等等。这些条款使个人信息保护法适用弹性加大，裁判机关对于该法的适用范围的判定也将因此很难把握统一的标准，甚至会为个人信息的侵害行为留下合法的生存空间。

其三，《个人信息保护法》确立的过错推定原则不利于保护敏感个人信息。根据《个人信息保护法》第六十九条规定，个人信息侵权的归责原则为过错推定原则。在这一原则下，受害人举证相当困难。一是侵权行为和损害结果认定上，个人信息侵权行为通常具有隐蔽性和高技术含量，在大部分个人信息泄露类的案件中，由于泄露的信息量极大，被侵权人可能并不知晓自己信息是否被泄露，如果被泄露的个人信息被用于消费诱导、歧视甚至

[①] 孔祥稳：《论个人信息保护的行政规制路径》，《行政法学研究》2022年第1期，第132~145页。

[②] 蒋红珍：《〈个人信息保护法〉中的行政监管》，《中国法律评论》2021年第5期，第48~58页。

犯罪，造成的损害难以计量。① 二是在侵权行为和损害结果的因果关系证明方面，在个人信息有多主体控制并经多环节处理的情况下，信息主体难以构建排他的因果联系。三是当身份证号、银行账户等个人敏感信息被非法利用或泄露，如果信息处理者利用信息和技术优势证明非其实施违法行为或已经尽到合理注意义务时，则无须承担侵权责任，在双方信息掌握能力失衡的情况下，被侵权人要提出有效反证较为困难，那么信息主体的权益就无法得到保护。②

其四，《个人信息保护法》确立的目的限制原则不利于个人信息利用价值的发挥。根据《个人信息保护法》第六条规定③，我国立法对于"目的限制原则"主要包括两层含义：一是目的明确，即收集、处理个人信息的目的应当明确，不得过度收集个人信息；二是限制使用，即对个人信息的处理应当与初始目的直接相关，表明我国对于使用限制的判定标准采用的是"关联性"，与域外立法的"兼容性"标准相比，对后续信息处理与初始目的的相关性要求更为严格，可能在一定程度上阻碍大数据产业的发展以及创新社会的构建。④ 目的限制原则根植于私人自治理论，该理论预设信息主体只有充分了解信息处理目的才能决定个人信息如何被利用，而数据环境的复杂性，增加了信息主体理解与选择的难度，且信息处理者为了保障信息处理行为的顺利，倾向于以宽泛或模糊的方式表达信息处理目的，这种信息不对称加大了

---

① 叶名怡：《个人信息的侵权法保护》，《法学研究》2018年第4期，第88~90页。
② 孔祥稳：《论个人信息保护的行政规制路径》，《行政法学研究》2022年第1期，第131~145页。
③ 《个人信息保护法》第六条：处理个人信息应当具有明确、合理的目的，并应当与处理目的直接相关，采取对个人权益影响最小的方式。收集个人信息，应当限于实现处理目的的最小范围，不得过度收集个人信息。
④ 朱荣荣：《个人信息保护"目的限制原则"的反思与重构——以〈个人信息保护法〉第6条为中心》，《财经法学》2022年第1期，第18~31页。

差别性对待等不公平现象的产生。

二 个人信息的行政保护

在《个人信息保护法》正式出台前,我国尚未制定一部专门针对个人信息保护的完整法律。然而,《关于加强网络信息保护的决定》与《网络安全法》作为这一领域的基石性法规,已经明确规定了行政执法对个人信息保护的相关机制。与此同时,《电子商务法》《消费者权益保护法》《邮政法》《征信业管理条例》等具体行业的法律法规,则进一步细化了个人信息在各自领域内的行政执法保护措施。因此,尽管没有专项立法,但我国对于个人信息的行政执法保护实践一直持续进行并不断发展。

早在2000年10月,国务院所属的工业和信息化部就制定了《互联网电子公告服务管理规定》,明确电子公告服务提供者应当对网上用户的个人信息保密,未经上网用户同意不得向他人泄露,否则将由省、自治区、直辖市电信管理机构责令改正;随后于2006年2月颁布《互联网电子邮件服务管理办法》,2011年12月颁布《规范互联网信息服务市场秩序若干规定》,2013年7月颁布《电信和互联网用户个人信息保护规定》,上述规定的颁布和执行,构成了我国个人信息行政执法保护的重要组成部分,对加强我国个人信息保护起到了积极作用。2014年8月,国务院重组国家互联网信息办公室,增加了网信办对互联网信息内容的监督管理执法权。至此,网络信息内容的专门行政执法机构正式诞生。重组后的网信办对个人信息保护方面做了大量的行政执法工作,强化了行政执法监督,制定了一些互联网内容信息管理规范,如《实时通讯工具公众信息服务发展管理规定》《互联网用户账号名称管理规定》《网络信息内容生态治理规定》,进一步加强了网络空间治理,规范了网络信息服务平台的行为,在推进个人信息保护方面发挥了积极作用。

如表3-1所示，我国个人信息执法保护是由多个部门共同承担的，国家及地方互联网信息管理部门承担着个人信息保护领域的行政执法职责。而在技术监管层面，这一重任由工信部门负责执行；在市场监管方面，个人信息保护的相关执法工作则归属于市场监管部门；至于刑事执法领域中涉及个人信息保护的问题，则由公安部门具体负责处理。其一，在执法主体问题上，不同具体领域的法规对执法权限分配有着显著差异。一方面，《征信业管理条例》明确规定了国务院征信业监管机构及其派出机构作为执行个人信息保护相关规定的主管机关；同时，《邮政法》中确立邮政主管部门为相应执法活动的实施者。另一方面，《消费者权益保护法》遵循特别法规优先原则，指出若其他法律法规已明确指定了违法行为的处罚部门，则依照该规定执行；而在法律法规未明确规定的情形下，则由工商行政管理部门或者其他有关行政部门履行相关职责。再者，部分法律采取跨部门协作与职责分工机制，《未成年人保护法》即是一例，其中阐明违反未成年人个人信息保护相关规定的行为应由公安、网信办、电信管理、新闻出版等相关部门按照各自职能进行查处。其二，在违法行为方面，现行立法所涵盖的侵害个人信息行为主要包括：未经信息主体同意而收集、使用个人信息，非法出售个人信息，泄露、篡改、损毁个人信息，窃取、买卖或以其他方式非法获取个人信息，等等。各具体领域结合实际情况对相关违法行为做了延伸，如《快递暂行条例》规定快递业务经营企业需要定期销毁快递运单的个人信息。其三，在法律责任领域，针对个人信息违法行为的行政责任涵盖了一系列处罚措施，从轻至重依次包括警告、罚款直至行政拘留等多种惩戒形式。

从行政执法实践来看，鉴于我国移动端使用、网上购物、电子支付比其他国家更为普遍，因而公民个人信息保护的社会环境更为复杂，案件数量、涉案数额以及调查难度都比较大，进行常态化全面执法和监管难度较大，往往通过开展集中整治方式打击侵害公民个人信息的违法行为。如2021年中央网信办、工信部、公安部、市场监管总局联合对App违法违规收集使用个人信息进行专项治理，累计开展12批次技术抽检，通报1549款违规App，下架514款拒不整改的App。2019年，市场监管总局在全国范围内针对消费领域侵害消费者个人信息的不法行为进行专项执法，共查办侵害消费者个人信息案件1474件，查获涉案信息369.2万条，罚没款1946.4万元，移送公安机关154件。2021年，公安部部署开展"净网2021"专项行动，共侦办侵犯公民个人信息案件9800余起，抓获犯罪嫌疑人1.7万余名。[1]

三 个人信息的司法保护

我国个人信息保护立法的发展始于隐私权保护的现实需要，同时它也在不断出现的司法判例中逐渐完善。从2001年最高人民法院《关于确定民事侵权精神损害赔偿责任若干问题的解释》到2009年《刑法修正案（七）》到2010年《侵权责任法》再到2021年《民法典》《个人信息保护法》的颁布施行，侵害个人信息的类型进入多元化样态，对于个人信息的司法保护实践也在不断丰富和发展。目前，在司法领域，刑事打击在保护个人信息方面发挥了显著作用，但民事保护功能尚未充分发挥。

（一）个人信息的刑法保护

从我国现行刑事相关立法来看，涉及侵犯个人信息的罪名主要包括以下几项。（1）窃取、收买、非法提供信用卡信息罪以及侵犯商业秘密罪。（2）侵犯通信自由罪与侵犯公民个人信息罪。

---

[1] 《公安部新闻发布会通报部署全国公安机关开展"净网2021"专项行动的工作举措和取得的成效等情况》，2022年1月15日，中国政府网，https://www.gov.cn/xinwen/2022-01/15/content_5668284.htm。

（3）盗窃罪与诈骗罪。尽管两者的保护对象都是财务，然而，考虑到互联网时代财产形态和适用形态发生了重大变化，包括银行账户、支付宝账户等财产账户中的电子数据也可能成为犯罪的目标。例如，直接侵入他人财产账户并篡改电子财产数据的犯罪行为。由于电子财产数据也属于个人信息范围，因此，可以将传统财产犯罪对个人电子财产数据的侵害纳入刑法保护范围，作为个人信息刑事保护的一部分。（4）非法获取计算机信息系统罪与破坏计算机信息系统罪。从我国司法实务看，非法获取、删改存储于电脑、手机等联网设备中的个人数据，可能涉及非法获取计算机信息系统罪和破坏计算机信息系统罪，因为此时个人数据受到刑法保护，作为与网络安全相关的公共秩序利益的一部分可纳入个人信息刑事保护范围。此外，最高法和最高检于2013年联合发布的《关于办理利用信息网络实施诽谤等刑事案件适用法律若干问题的解释》中，有相当部分内容涉及个人信息保护，为全面惩治个人信息犯罪活动提供了立法保障。由此可见，我国不仅通过打击侵犯公民个人信息罪行来实现对个人信息的刑事保护，而且根据不同场景中可能侵害的个人信息的权益属性，采用传统罪名或制定新的罪名，以构建全面的刑法保护框架，保障个人信息的安全。

通过检索中国裁判文书网发现，自2016年来，全国法院至少对61件出售、非法提供公民个人信息罪进行审理并做出判决，至少对150件非法获取公民个人信息罪进行审理并做出判决，至少对8531件侵犯公民个人信息罪进行审判并做出判决。尽管刑事司法在个人信息保护方面发挥了强有力的作用，但大量的侵犯个人信息行为并没有严重到构成刑事犯罪的程度。

（二）个人信息的民法保护

与个人信息的刑事司法保护相比，民事司法保护主要是个信息受到侵害的主体主动向侵害者主张权利救济,直接参加民事诉讼,并提供证据证明自己的诉讼请求。当前司法实践中,民事司法保护的方式主要有两种,即侵权法保护方法和《合同法》保护方法。

当信息主体通过民事诉讼途径向侵害者主张权益时,首先面临的是案由选择问题,因为案由的确定将直接影响权利主体起诉时的管辖、举证责任负担、争议焦点确定、诉讼时效等。如前所述,个人信息权益救济可以通过侵权法,也可以通过《合同法》,与之相对应,在案由的选择上存在侵权类案由和合同纠纷类案由。从实践来看,在涉及个人信息权益救济时,一般选择的案由有"隐私权纠纷""名誉权纠纷""一般人格权纠纷""网络侵权责任纠纷"等。比如"中国cookie隐私权纠纷第一案"① 就是以隐私权纠纷为案由提起诉讼。从中国裁判文书网检索情况来看,自2016年以来,全国法院共受理隐私权纠纷案件907件、名誉权纠纷案件15263件、一般人格权纠纷案件5796件、网络侵权责任纠纷案件4415件,其中相当一部分都与侵犯个人信息权益有关。通过《合同法》得到保护也是个人信息民事司法保护中不可忽视的方法。一方面,当事人会在有可能泄露个人信息风险的合同中,约定专门的个人信息保护条款或保密义务条款;另一方面,当事人在签订、履行合同过程中因泄露对方当事人个人信息造成损失的,可能会承担缔约过失责任或基于合同的损害赔偿责任。② 在健康体检服务合同中,可以规定最终生成的综合体检报告将被妥善保存在专用的隐私保管箱中。除非客户本人携带身份证来查

---

① 该案当事人朱某在网络上浏览相关网站过程中,发现利用"百度搜索引擎"搜索关键词后,会在特定网站上出现与关键词相关的广告,认为百度网讯公司利用网络技术,未经其同意和选择,记录和跟踪了其所搜索的关键词,对其浏览的网页投放广告,侵犯了其隐私权,故向法院提起诉讼。
② 朱广新:《合同法总则研究》(上册),中国人民大学出版社,2018,第209页。

阅或复制报告，任何其他人都无权查看该报告的内容。合同生效后，如果该体检机构违反上述合同义务，就需要承担相应的违约责任。司法实践中，比较常见的案由有"网络服务合同纠纷""网络购物合同纠纷""租赁合同纠纷""教育培训合同纠纷"等，具体选择哪一种合同纠纷案由，需要根据当事人之间具体的合同类型确定。

通过民事诉讼途径保护个人信息权益还需要予以明确的是个人信息权益被侵害的样态。根据我国《民法典》第一千零三十五条、一千零三十七条、一千零三十八条和《个人信息保护法》第四章的相关规定，个人信息权益被侵害一般表现为以下几种情形：查阅个人信息受阻，被拒绝抄录、复制个人信息，错误标注个人信息而不予更正或删除，个人信息泄露①，产生歧视的算法自动化决策②，篡改个人信息，非法提供个人信息，未经允许收集、售卖个人信息，等等。随着网络技术的发展，个人信息权益的侵害类型也会随之扩大，这就有赖于理论与实务的共同努力，不断总结概括，以适应个人信息保护的实践需求。

需要指出的是，个人信息通过侵权法保护有时会遇到一些困难和问题，比如不存在有形损害的情况下如何认定侵权行为是否发生、因果关系是否成立以及行为人是否存在过错等。此外，选择前述侵权类案由起诉，并不能涵盖所有的个人信息利益范围，因为并非所有个人信息都是隐私信息，也并非所有侵害个人信息

---

① 鉴于敏感个人信息泄露可能带来的高风险，敏感个人信息控制者应当为信息主体提供"最大限度的保护"，将此列为一项侵权类型，有助于从私法层面对个人信息提供更好的保护。
② 以用户画像为基础的自动化决策可能会产生歧视性后果，国外已有公司利用个人征信画像，对少数种族、妇女、心理障碍等群体采取歧视性差别待遇。算法自动化决策本身就具有不易控制的产生歧视结果的较高风险，这种风险实际上就是个人信息的利用风险，因为一旦转化为实际的歧视结果，就会对信息主体产生实际损害。为了避免实际损害的发生，信息主体有权利将自动化决策直接作为权益侵害类型而主张停止侵害或消除危险。

的行为都会造成信息主体名誉受损，一般人格权纠纷也无法容纳对人格因素较弱的个人信息的侵害行为。《民法典》颁布实施后，最高人民法院制定《关于审理使用人脸识别技术处理个人信息相关民事案件适用法律若干问题的规定》和《民事案件案由规定》，将"个人信息保护纠纷"单独列入四级案由。据不完全统计，截至2021年6月，全国各级法院正式以个人信息保护纠纷案由立案的一审案件共192件，审结103件[①]。

第二节 数字化治理中个人信息保护的权利冲突平衡

在数字化治理过程中，政府对个人数据的收集与运用扮演着社会管理的核心角色。所涉及的数据信息不仅囊括了身份证件的基础信息，还广泛涵盖了教育记录、税务状况、交通出行、医疗健康、社会保险、人事档案、商业活动、出入境情况以及犯罪历史等多元化的个人信息和行为痕迹。政府部门在各个生活领域中全面收集并利用这些信息，初期由于信息技术尚不发达，各政府部门主要根据各自的职能需求分别收集和使用相关个人数据，导致政府存储的个人信息呈现分散状态。然而，随着信息网络技术的进步，海量数据之间的关联性挖掘变得日益便捷，个人数据潜在的价值和应用范围得以进一步深化拓展。因此，政府部门间的信息共享逐渐成为常态，实现了跨部门协同和高效利用个人数据资源的目标。与此同时，商业机构为了经济利益也试图通过各种方式从政府手中获取数据，对政府掌握的个人信息数据的争夺像一场没有硝烟的战争在社会各领域蔓延，其中所牵扯的利益主体

---

① 《人脸识别，"不同意就不提供服务"？最高法：违法！》，2021年7月28日，人民网，http://society.people.com.cn/n1/2021/0728/c86800-32172893.html。

众多,从而引发利益冲突,需要在个人信息保护中予以平衡。

一 个人信息保护与公民表达权冲突

我国《宪法》第三十五条规定,中华人民共和国公民有言论、出版、集会、结社、游行、示威的自由。由此,表达自由是宪法赋予人们的基本权利,若无表达自由,个人不能对国家政治生活提出建议、表明立场,则必然处于一种不对等的失语状态。从更广泛意义上说,表达权不仅包括公民的表达自由,也包括新闻媒体的采访权、批评权、评论权、发表权。[1] 从内容来看,公民的表达基本上可划分为事实陈述和意见表达两类,前者是对某一事物或现象的客观描述,后者是对某一事物或现象的主观评价。不论是事实陈述还是意见表达,都将不可避免地涉及他人的个人信息。尤其是传播技术的数字化发展,使媒体成为公民表达的重要平台,而相关事实或意见表达一旦有媒体介入,对于个人信息的披露范围就会被几何级扩大,这"对人们借助新媒体行使表达权产生了很大影响"[2]。由此可见,一方面,表达自由以公开传播为宗旨,个人信息保护除了要求尊重个人信息自决权利外,还要求对部分个人信息进行保密,那么两者之间势必存在冲突;另一方面,新闻媒体的介入在强化表达权利的同时,也加剧了个人信息保护与公民表达权利的价值冲突,媒体的报道自由与个人信息保护要求之间的矛盾如何协调,是应当思考的重要问题。

媒体根据其独特的社会角色负责履行公民表达自由的社会职责,但同时也成为侵犯个人信息权益的主体之一。基于此,要对

---

[1] 《国家人权行动计划(2021—2025)》使用了"表达权"概念,提出依法保障公民的表达权和监督权,丰富表达手段,畅通公民诉求表达渠道,发挥公民监督在监督体系中的作用。依法建好用好互联网,为公民通过网络反映问题、表达诉求、建言献策提供充分的便利。

[2] 李丹林、曹然:《新媒体治理视域下的表达权规制研究》,《山东大学学报(哲学社会科学版)》2019年第4期,第109~116页。

公众表达权利与个人信息权益进行有效平衡,需从三个方面着力。一是援引的个人信息必须已经合法公开。对于合法公开的个人信息而言,因其已经进入公共领域,原则上不应再限制他人的合法使用。但也并非全部可以免责,具体包括以下例外情形:(1)信息主体明确表示拒绝,这表明信息主体对之前默示的同意或合法公开重新施加了限制,信息收集者和处理者必须予以尊重。(2)收集、处理该信息侵犯了信息主体重大利益,比如针对个人已经合法公开的信息,将目标人群进行分类,通过大数据分析系统决定谁应当享受何种待遇。[1] (3)以违反社会公共利益和社会公德的方式再次公开,最典型的就是"人肉搜索",其实质是对已公开的个人信息的滥用,主要通过利用计算机网络技术,由网络用户发起的针对特定个人信息的搜索提议,并由广大网络用户分别提供该特定人的部分信息,最终整合形成关于被搜索人的全面个人信息画像。从上述描述可知,"人肉搜索"是一种变相的全民动员,一旦目标涉及特定个人,便是举全民之力"围剿"一人,个人在与"人肉搜索"的博弈中没有任何获胜余地,这种行为构成对他人个人信息的恶意利用,其损害结果是不可逆的,一旦个人信息在网上公开,便无法恢复原状,消除公众知晓的事实,这种恶性行为应当予以规制。二是援引的个人信息应当真实全面。媒体报道会涉及个人信息,但不能毫无节制地报道不符合事实的个人信息内容,也不能只报道部分,如果选择性报道,将可能会对他人的人格权益造成侵害,媒体也会因自身失范而失去公众的信任。三是援引的非经公开的个人信息应当取得信息主体同意,但如果是为了制止正在实施的违法行为,原则是应允许披露违法行为人的个人信息,但披露行为应满足两个条件:

---

[1] 叶明怡:《个人信息的侵权法保护》,《法学研究》2018年第4期,第83～102页。

其一，披露违法行为人的个人信息应与所要保护的合法利益目的相适应。其二，披露的违法事实应有适当的证据支撑。如果披露的他人违法事实没有任何证据支撑，可能会构成诬陷，而披露内容中涉及的个人信息，则可能造成对个人信息权益的侵犯；如果披露的他人违法事实有证据支撑，则可以成为有效的侵权责任的抗辩事由。

二 个人信息保护与公众知情权有冲突

随着人们主体意识和权利意识的增强，知情权作为公民的一项基本权利，越来越受到人们的关注，在公民权利体系中的重要地位日益凸显。知情权属于公民依法享有的政治权利和社会权利，一般包括知政权、社会知情权以及个人信息知情权。知情权作为一种跨领域权利，其内涵广泛涉及政治、经济、社会、文化及教育等多个维度，并随着社会信息化程度的持续深化以及公民个体对公共事务参与和监督意识的不断增强而愈加凸显。简而言之，公民有权知晓并获取他们理应了解的一切信息，有权要求政府及其相关部门公开必要的信息，在法律许可的范围内充分享有自由获取各类信息的权利。知情权的行使稍有不慎便会侵犯个人信息权益，两者之间的权益冲突主要体现在社会公共利益与公民个人利益的冲突，是公众知情权与公民个人信息权益的冲突，其中又以电子政务信息公开与个人信息权益以及公众知情权与公众人物个人信息权益的冲突最为突出，即广大公众所要了解的对象正是某公众人物隐私权所要保护的对象。

以公众人物个人信息权益保护为例，在各国的司法实践中，在涉及侵犯公众人物个人信息权益案件中，侵权人经常以被侵权人为公众人物为由，主张免除或减轻侵权责任，其实质是对公众人物人格权的限制。真正在我国司法实务中适用"公众人物人格权益限制"的是 1999 年杜某某诉某杂志社侵犯名誉权案件。[①] 随后，在 2002 年范某某诉某报名誉权案件中，法院认为，范某某作为公众人物，对媒体行使正当舆论监督的过程中，可能造成的轻微损害应当予以容忍和理解。[②] 至此，我国法律中的公众人格权限制逐渐进入司法审判视野中。对公众人物人格权进行限制，实际是权利运作逻辑在发挥作用，也即是人格权与其他权利或价值之间冲突之平衡的逻辑。之所以对公众人物的人格权益予以限制，主要是基于平衡公共利益与私人利益、公众人物社会影响力与普通人社会影响力、舆论监督权与公众人物人格权、公众知情权与公众人物人格权的需要。

对公众人物的人格权益进行适当限制是平衡相关利益冲突之必然，其合理性不仅受到社会发展进步的历史因素的影响，更在于对社会公共利益和公众知情权的实际考虑。然而，在限制公众人物个人信息权益时，应该在确保保护公共利益和公众知情权的必要范围内进行，而不能毫无节制地公开来满足某些人的庸俗兴趣。比如，吴某某诉天津市报刊出版有限公司名誉权纠纷案[③]中，法院认为公众人物人格权益限制的界限应遵循三个原则，即公共利益原则、非营利性原则、真实性原则。

对于如何平衡个人信息权益与公众知情权的冲突以及如何划分两者之间的标准和界限问题，在法学理论研究中也存在不少观点。比如有学者提出，对于公众人物以及卷入公共事件的人物的个人信息应当采取公众利益至上原则，对于普通大众的个人信息应采取人格权至上原则，对于日常的公众知情权与个人信息权益

---

① 该案中，被告抗辩称杜某某作为大型国有企业总经理，曾被选为全国劳动模范、优秀企业家，又因受贿罪被判刑入狱，其特殊身份使其成为公众人物。
② 陈堂发：《10 年：媒体侵权诉讼的公众人物理念》，《新闻记者》2009 年第 12 期，第 65~69 页。
③ 详见（2014）三中民终字第 06367 号民事判决书，判决停止侵权、赔礼道歉、赔偿精神损害抚慰金。

发生冲突时，应采取"实际恶意"原则来判断是否侵犯了个人信息权益。这种观点实际上是建构起一套法律权利体系的位阶关系。有学者提出反对意见认为，权利是平等的，应当以具体事实来确定侵权行为并承担相应的法律责任。也有学者提出了三个原则，即社会政治及公共利益原则、权利协调原则、人格尊严原则，其内在逻辑是在权利协调原则的指引下，人格尊严与社会公共利益都应当得到尊重，但当个人的人格权益与公共利益发生冲突时，公共利益应当至上。如果按此逻辑方式来解决两者间的冲突，就意味着要牺牲少部分人的私权利来维持公共利益，这显然违背了公平正义。在社会信息化的今天，与表达自由权一样，公众对信息资讯的了解需要依赖新闻媒体达成，媒体向人们展示社会的全貌，满足了人们的知情权。从这个意义上讲，新闻媒体自身的活动准则也就成为司法实践中判断知情权与个人信息权益是否受损的重要原则，成为平衡二者冲突的出路所在。本书认为，任何人的个体权利都应当被保护，个人信息权益与公众知情权领域的界分，涉及公众人物、传媒的特权与责任、公众的理性和兴趣等诸多因素，为此，有必要在法律上设置公众人物、新闻价值等特定抗辩事由，以及公共利益、正当的公众兴趣等抽象的判断标准，以期划分私人领域和公共领域的合理界限；另外，在传媒活动中当公众知情权与个人信息权益发生冲突时，媒体应当扮演理性监督角色，明确职能界限，合乎社会公共利益需要，除此之外的任何有关个人信息的报道都应当遵循当事人意思自治原则。

三　个人信息保护与企业数据权利有差异

毋庸置疑，数据已逐渐成为重要的资源形态，但其蕴含的巨大价值并不是天生的，只有通过一系列统计学、概率论等计算过程获取的数据才具有更高的价值，主要涵盖商业利用价值、咨询价值、公共管理价值等。可以说，庞大的信息数据背后蕴含着巨大的经济潜力。有一种观点形象地指出：网络空间的大量数据正在成为一种创造财富的工具，其价值可媲美黄金和石油。在此过程中，企业对其收集的海量个人数据集合有巨大的财产利益，从而具有成为权利主体的客观需求，这是基于数据集合所享有的权利。

个人信息的重心在于保护，其对应的是个人信息权益；而数据集合的重心在于利用，其对应的是企业数据权益。虽然数据利用和个人信息保护的侧重点并不直接冲突，但二者之间存在冲突的可能。数据是海量信息的集合，而这些海量信息中必然有大部分属于个人信息，因而数据的利用最终表现为对海量个人信息的利用。大数据产品的生产需要企业创造性地发挥和投入，尊重数据利用者或所有者应有的权利，保障其收回成本，获取利润，这在道德上符合公平的价值诉求。从个人信息保护角度来说，对于个人信息的利用原则上必须遵循信息主体的明示同意规则，这就要求企业对个人信息的利用必须获取信息主体的同意，这在很大程度上加剧了企业利用数据的成本，在利益的驱动下，数据企业很可能会跨越界限而超出目的范围收集、分析、使用个人信息。因此，为了保护个人信息，必须尽可能地限制企业对个人信息的处理行为。

如何切实保障信息主体的个人信息权益和企业的数据权益，使社会能够有效运用数据资源，已成为亟待解决的一个重要问题。一般而言，企业对数据的控制和使用主要包括两个层次。其一，企业会通过技术手段分析其掌握的用户数据，包括结构化和非结构化的、内部和外部的数据，以便建立数字资产。其二，为确保自身利益，企业倾向于采取更全面的措施，以替代特定任务的完成，例如采取恶意软件拦截、设置防火墙等手段。因此，企业拥有多种数据类型，其中一些属于商业机密，有的属于知识产权，还有的则属于一般数据财产，因而，其所对应的法律保护的选择也各不相同。解决二者之间的冲突应当确立兼顾个人信息权益与企业数据权利平衡保护的思路，并以此为指导思想设计和制定相关保护规则。本书认为，二者之间冲突的平衡最重要的是要坚持知情同意原则，并在此基础上设定具体规则以便具有可操作性。一是对于不同敏感程度的个人信息，应当设置不同的知情同意要求。对于敏感个人信息，应严格要求知情同意原则；对于非敏感个人信息，可考虑弱化信息主体的同意要求，即弱化为推定同意。二是在处理未成年人个人信息时，应严格遵循知情同意原则，任何收集与处理未成年人信息的行为，都必须清晰无误地告知其监护人关于信息收集、使用的目的、方式和范围，并确保取得监护人的明确同意。三是将获得授权处理的个人信息向第三人提供时应当经信息主体同意或做匿名化处理，而通过匿名化方式向第三方提供信息的，第三方不得利用技术手段重新识别个人信息身份。[①] 此外，从理论上来说，第三方作为个人信息的间接收集方，在法律上已经具有"个人信息处理者"的独立地位，有权自主决定信息处理的目的、方式和种类，但若超出个人同意的范围处理信息，应承担相应的法律责任。因而，在实务中第三方应当核验个人信息提供方是否充分履行了告知义务，以最大限度降低信息处理使用的合规风险。关于个人信息权益保护和企业数据利用的协调，目前还在不断积累经验的过程中，随着对数据利用认知水平的提高和技术手段的进步，二者之间的冲突问题应该能得到更好的解决。

四 个人信息保护与社会公共利益有冲突

如前文所述，基于大体量、多维度的数据资源，高性能存

---

① 林洹民：《个人信息保护中知情同意原则的困境与出路》，《北京航空航天大学学报（社会科学版）》2018年第3期，第13~21页。

储、运算、分析能力，以及更加智能的算法模型，社会经济各要素之间的关联性更容易被发现，大数据成为"解码"公众需求、提升社会公共服务温度的"利器"，这体现的是一种公共利益。鉴于个人信息与大数据间的紧密联系，个人信息保护不仅关乎个体权益的维护，也对社会公共利益具有深远影响。若无个人信息的有效收集与应用作为支撑，相关的公共管理与服务体系将难以构建和完善。因此，为了维护社会公共利益，必然需要在个人信息权益与社会需求之间找到平衡，这导致了个人信息保护方面的冲突。实践中，常见的个人信息保护与社会公共利益冲突主要表现为以下几方面。

一是个人信息保护与科学学术研究。科学学术研究是纯粹的公共利益范畴，其学术成果能够惠及全体社会成员。为此，各国关于个人信息保护的立法都允许为科学学术研究而使用个人信息。比如，欧盟的《一般数据保护条例》第89条规定，出于公共利益，科学或历史研究或数据统计考虑，以对数据存储归档为目的，对数据进行进一步处理，不应视为不符合最初目的。根据我国《民法典》第一千零三十六条之规定，为维护公共利益而处理个人信息，不承担民事责任。该条文虽未明确提出科学学术研究，但基于公共利益考虑，可解释为包括学术研究、统计目的等情况。然而，为科学学术研究而使用个人信息并非毫无限制，只能在合理范围内收集使用，否则可能被认定为侵犯个人信息权益。比如，如果只是收集信息主体的基因、血型、既往病史等资料，就可以满足学术研究要求，那么就不得超出范围去收集信息主体的身高、体重、指纹等信息。此外，对个人信息的收集应严格坚持匿名化处理，在科研项目结束后，应对收集的个人信息进行物理删除操作，这可以最大限度降低个人信息泄露的风险。

二是个人信息保护与公共卫生危机控制。个人信息汇聚形成的大数据在应对公共卫生危机方面发挥了科学有力、及时高效的作用，为国家治理体系和治理能力的现代化提供了日益关键的支持。根据我国《传染病防治法》相关规定，在面临公共卫生危机时，疾病预防控制机构、医疗机构等有权调查和收集与此相关的个人信息，以避免疾病的蔓延扩散，造成更大社会危害。显然，这是个人信息保护对于疾病预防这一公共利益所做的妥协和让步，而公共卫生安全的受益者是每一个社会成员，是符合个人权益保护原则的。但是这种个人信息权益的让渡也是有一定限制的，相关部门只能在疾病预防的目的范围内收集公民个人信息，且必须对收集的数据采取严格的保密措施，防止信息泄露。

三是个人信息保护与公共秩序管理。公共秩序管理主要是指为维护公共秩序而依法进行的保障社会生活正常有序的治安管理行为，一般指居住社区的秩序管理、医院的秩序管理、商场对人流秩序的管理等。以上种种公共秩序管理，是否可全部归结为公共利益，从而限制部分个人信息权益暂且不论，但笔者认为公共利益也是有位阶之分的，即使以公共秩序属于公共利益为由而对个人信息权益予以限制，也应当遵循比例原则，即越是高位阶的公共利益对个人信息权益进行限制的正当性就越强。近年来，公共秩序管理与个人信息权益冲突比较大的就是人脸识别技术在公共秩序管理中的应用。

近年来，人体生物信息越来越多地渗透进我们生活的方方面面，人脸识别被广泛应用于金融、司法、医疗领域。与指纹识别、虹膜识别不同，人脸信息的曝光场景过多，具有非接触性特点，常常在无感知状态下被获取，导致知情同意原则在人脸识别运用中会间歇性失效，加大了风险防范和救济的难度，对人身和财产安全造成重大威胁。对于人体生物信息中风险最高的人脸识别信息，欧盟、美国强调充分保护个人信息主体的自决权，重视实质安全。如美国参议院于 2019 年 3 月提出了《商业面部识别隐私法》提案，要求商业公司在使用人脸识别技术及与第三方共享这些数据时需要经过用户的明确同意，且引入第三方技术须经第三方测试。欧盟于2018年5月25日颁布出台的《一般数据保护条例》（GDPR）明确禁止处理的数据包括基因数据、生物特征数据等，如必须处理则需要符合该法的例外规定。

基于人脸识别技术广泛应用可能引发的个人信息权益侵害风险，有必要进一步探讨人脸识别技术可能引发的侵权责任问题。其一，知情同意原则在人脸识别技术运用中应当被进一步强化。由于人脸信息常常在无感知状态下被获取，且在算法深度自主学习的加持下，人脸信息可以与信息主体以往被记录的其他信息进行匹配比对，从而对信息主体的历史活动轨迹形成全方位画像。基于此，通过强化和压实法律责任倒逼人脸信息处理者获得信息主体的授权是较为有效的选择。在涉及人脸识别技术运用的场合，必须经信息主体明示同意，除非是为了公共利益。其二，在公共场所安装图像采集设备应当显著标明并遵守比例原则。因为人脸信息一旦泄露，带来的损害可能是永久性的。[1] 设置显著的标识可以提醒进入该公共场所的人员知道存在摄录设备，可适度予以规避正面人脸信息的采集，降低人脸信息泄露风险。同时，只有确有必要安装图像采集设备的公共场所，才应允许加装摄像头等图像采集设备，对于无必要安装图像采集设备的场所，如果强行进行人脸识别，则应认定违反了比例原则，可能构成侵权并承担相应法律责任。但是即使安装了图像采集设备，也应当出于公共安全目的，而不能用于除此之外的任何其他目的，且处理者对于采集的人脸信息必须采取严格的保管措施，杜绝信息泄露风险。

---

[1] 郭春镇：《数字人权时代人脸识别技术应用的治理》，《现代法学》2020年第4期，第19~36页。

第四章　数字化治理中个人信息保护的原则及边界

数字化治理中个人信息的保护需要遵循一定的原则，坚持利益衡量这一基本方法。要确认所有相关利益主张，平等考虑所有相关利益以及以实现利益最大化为目标。《个人信息保护法》的实施，进一步明确了对个人信息权益的保护，规范了个人信息处理活动，并亮明了个人信息处理的底线或红线，鲜明地提出了在个人信息保护中应对权益冲突、处理个人信息时需要遵循的一些基本原则。同时，在信息社会，个人信息既是促进经济发展的资源，也是推动社会整合、制度变迁的动力，对个人信息的过度保护可能会阻碍信息的有效流动和功用发挥，但如果保护不足又将导致个人信息被滥用，因此对个人信息保护如何合理地把握其边界，成为数字化治理过程中需解决的重要问题。

第一节　数字化治理中个人信息保护的利益衡量及基本原则

权利冲突的解决主要有市场和法律两种方式，前者依赖当事人的意思自治，后者依赖于法律对权利的干预配置。根据霍布斯定理，用国家的公力救济取代私力救济更能带来规模经济效益。[1] 现实的利益冲突和交易成本是国家通过法律配置权利的重要原因,但法律的干预并非主观擅断、任意干预,而是应当建立在尊重当事人意志基础之上,且对于权利的分配应当以实现利益最大化为主旨。一般而言,法律对于权利冲突干预主要是通过立法和司法两种途径,前者倾向于法律体系的内在价值位阶和外在规范秩序[2],后者倾向于通过法官的自由裁量权进行利益衡量。这两种解决之道都存在合理性,不可偏废。一方面,如果立法能够清晰界定权利,则权利冲突在理论上可得到最大限度的避免,但成文法的局限性难以应对现实中纷繁复杂的权利冲突,这就需要法官在个案裁判中通过利益衡量来平衡权利冲突。诚如学者拉伦茨所言:"司法裁判适用此方法的范围所以这么大,主要归因于权利之构成要件欠缺清晰的界限。"另一方面,通过立法确定权利位阶和价值秩序,能抵制权力者的恣意解释,[3] 限制法官的自由裁量权,以保障司法裁判的正当性和确定性,在权利界限模糊、权利冲突频繁的个人信息保护领域尤其重要。

一 个人信息保护的利益衡量

利益衡量是在立法、司法和行政过程中贯穿始终的基本方法。在立法中,利益衡量是一种政治上的决策,而在司法中,利

---

[1] 冯玉军:《法经济学范式研究及其理论阐释》,《法制与社会发展》2004年第1期,第31~45页。
[2] 法律体系分为内部体系和外部体系:一是依形式逻辑的规则建构抽象的概念式体系,即为外部体系;一是以类型、主导思想、法律原则以及规定功能概念为要素构建的开放体系,即为内部体系。外在体系是逻辑体系,内在体系是价值体系。具体表述参见〔德〕卡尔·拉伦茨:《法学方法论》,陈爱娥译,第七章"法学中概念机体系的形成",商务印书馆2003年版。
[3] 段匡:《日本的民法解释学》,载梁慧星主编《民商法论丛》(第6卷),法律出版社,1997,第401页。

益衡量则是一种方法论。实践中的利益和权利冲突都不是以单纯的"非此即彼"的方式予以决断,而往往是在彼此冲突的利益中进行裁量,旨在实现整体利益的最大化。

在法律领域利益衡量(Balancing of Interests)作为一种法律解释或适用的方法,是法官和学者通过法律实践与理论研究创造出来的,强调追求法律的实质合理性,注重解决现实社会中的利益竞争和冲突。我国台湾著名学者杨仁寿先生在其著作《法学方法论》中将"利益衡量"解释为:"利益衡量乃在发现立法者对各种问题或利害冲突,表现在法律秩序内,由法律秩序可观察而得知立法者的价值判断。发现之本身,亦系一种价值判断。"[1] 一般而言,利益衡量涉及立法者、执法者和司法者的地位、素质、信仰、价值观、情感等多种因素,涉及立法、行政、司法程序及其不同的运作规则,涉及各种利益主张及其相互之间的关系,因而,其只能在具体的情形和个案中得以运用,并需要遵循一些基本方法和原则。

一是确认所有相关利益主张。利益衡量的第一步在于识别并明确具体情境或个案中所涉及的所有相关利益诉求,从而为后续的权衡评估确定明确的对象范围。一般而言,在相关利益确认方面,立法者与执法者、法官存在区别:在面临尚未得到法律承认的利益时,立法者可考虑将其纳入立法的利益衡量过程当中,而执法者或法官如果在法律体系当中未找到对该种利益的认可,那么就不会将其纳入利益衡量的范畴。之所以如此的根源在于他们之间的权限不同。对于立法者而言,他们不仅要对法律已经认可的彼此冲突的利益进行衡量,而且需要对法律尚未承认的利益主张做出反应;对于执法者和法官而言,他们对于利益的衡量必须

---

[1] 杨仁寿:《法学方法论》,法律出版社,1999,第175页。

在法律既定的框架内进行。① 在确认需要衡量的利益方面，除了上述的区别之外，无论是立法者还是执法者抑或是法官，都须遵循所有相关利益原则，即在具体情形或个案中的所有相关利益都必须予以确认，且一切不相关的因素都不得认定为考虑的对象。

二是平等考虑所有相关利益。由于受传统观念影响，我国比较注重公共利益和私人利益的区别与划分，导致追求单一的价值准则，经常采取个人利益让位于公共利益的立场。然而，现实具体的利益关系并非能够用简单的界限进行划分的，一种利益可以在不同环境下被认作是另一种利益，公共利益和个人利益之间的划分也具有一定相对性。因而，在比较与权衡彼此冲突的利益时，应把它们放在同一范畴内考虑，否则，将失之偏颇，导致做出不合理决定。在将相关利益在同一层面予以考虑后，必须就以下问题做出决定：什么利益应当得到承认和保护？承认与保护的范围或限度是多大？彼此冲突的利益中哪些应当予以优先保护？等等。要解决这些问题，就必须依赖特定的价值准则，对此，应当根据实际情况确定价值准则。在行政管理中，这种根据实际情况确定价值准则的例子不胜枚举。例如，一般而言，个人自由是居于价值位阶较高的利益，国家也不能因为某项活动或职业具有较高风险而轻易禁止人们从事该职业或活动，而在某些特定情形下，为了保障个人生命安全利益，可以对个人自由予以一定程度限制，防止其因自己的自由行为而对个人生命安全造成威胁。再如，行政管理强调效率价值，即以最小的成本实现管理目标，在这一过程中，若效率利益与法律公正利益或行政相对人的人格利

---

① 事实上，立法者与执法者或法官对相关利益确认的区别并不是绝对的，尤其体现在当前我国转型时期的行政立法方面，由于我国行政管理体制正在从传统型向现代型转换，许多旧有利益关系有待重新组合，一些利益主张亟须得到承认与保障，在立法机关还难以适应这些需求的时候，行政机关往往会通过制定行政法规或规章的形式来重构利益配置。在此情况下，行政执法者就需要像立法者那样进行利益衡量，认定未经法律承认的利益主张。

益发生冲突，法律确定的价值准则就是首先维护后者。如何在具体个案中确定利益衡量的价值准则是一个实践性很强的问题，无法一一阐述，但在确定具体利益衡量价值准则的时候，应尽可能符合一般的社会正义观。①

三是以实现利益最大化为目标。在具体个案中被确认的各种相关利益，都是需要法律予以确认，因而，在根据特定价值准则做出利益保护的次序安排后，并不意味着我们要完全或较大程度牺牲位次靠后的利益为代价来满足位次在前的利益。"利益最大化"的内涵在于在确保首要利益的前提下，应最大限度地满足各种相关利益要求，同时将让位利益的牺牲程度降到最小。换言之，法律应该促进相关利益的最大整合。此外，在利益衡量的过程中，必须始终坚持与宪法和法律法规相结合的原则，任何情况下都不得违反明确的法律规定。否则，利益权衡过程就有可能陷入过度依赖个人意志或主观判断的危险境地，走向人治的极端化误区。

在个人信息利用和保护过程中，不同利益主体之间的冲突时有发生，诸如个人利益与公共利益间的矛盾冲突，行政效率与社会公正间的矛盾冲突，对行政权的保障与法律控制间的矛盾冲突等。本书认为，在处理个人信息权益与相关权益的冲突时，应首先考虑当事人的意思自治。在市场化环境中，每个人都被视为自身利益的最佳守护者。因此，在不违反公共道德的前提下，应当最大限度地尊重并允许个人自主决策。然而，当市场机制无法有效调节或法律对权利界限界定不明时，则需要权力机关在法律体

---

① 一般的社会正义观是一个社会在一定时代人们普遍接受的某些正义观念，是对社会上利益分配现实的看法，而法律则是现实生活中各种利益关系的调整器，因而，一般的社会正义观与法律之间有着密切的联系及重要的相互影响。在法律制定和适用过程中的利益衡量，应尽可能符合这些一般的社会正义观，否则，法律就会因其价值的弱化而在社会民众中失去权威性。

系的价值秩序框架内，针对具体的个案情境，权衡相互冲突的权益价值轻重，并据此做出实质性的裁断。

二 个人信息权益的限制规则

如果权利边界本身包含限制，则限制无疑可达消除权利冲突的目的，也就不可能存在权利冲突；如果权利边界本身不包含限制，则主体行使权利时必然存在与他人权利相冲突的可能，权利限制是化解权利冲突的重要对策。德国学者科恩（Friedrich Kein）指出，权利是一种先于国家而存在的固有事物，由此固有本性反映出的权利范围就是权利边界，国家可以在权利外部设置限制。拉伦茨认为，原则上，没有权利是不受到某种限制。[①] 例如，在民法体系中，诚实信用原则、禁止权利滥用原则以及公序良俗等基本原则通常作为私法的普遍指导方针，用于制约个人权利的行使。而在侵权行为法领域内，抗辩事由则通过赋予某些特定侵权行为以合法地位的方式，从侧面间接对个人权利的实施加以限制。换言之，对权利的限制实际上是对权利冲突的一种解决策略，旨在均衡各方当事人的利益关系，实现有效平衡与和谐共处。从本质上来说，个人信息权益中内含的私密属性，决定了其对于公共领域的对抗性，对个人信息的绝对保护将导致个人离群索居，对于公共事务漠然置之，从而导致社会公共领域的瓦解。因此，个人信息权益在一定程度上应当受到必要的限制，这种限制的目的在于尊重他人的自由并保护公共利益。然而，对个人信息权益的限制在立法中不应当是任意的，相关法律应当通过法律保留原则、公共利益原则、比例原则等内在价值位阶来引导立法手段的运用。

---

① 〔德〕卡尔·拉伦茨：《德国民法通论》（上册），谢怀栻等译，法律出版社，2003，第304页。

(一) 法律保留原则

关于这项原则，我国台湾学者林腾鹞认为，"对于影响人民自由权利之重要事项，没有法律之明确授权，行政机关即不能合法作成行政行为。换言之，社会生活中某些重要的事项，应保留给立法机关以法律规定之，其他任何规范都无权规定，行政权非有法律依据不得为之"[1]。所以，法律保留原则本质上决定着立法权与行政权的界限，也就是说，行政机关的权力行使必须依据明确的法律规定，否则就"不得为之"，"为之"则构成了违法。在数字化治理时代，海量的信息数据被收集和使用，这也使行政机关的权力介入更加频繁更加容易，虽然在有关规定内这种介入是必要和允许的，但从实际中会看到一些"越界"问题，即以治理需要和维护公共利益等名义，行政权力不受约束地扩大化，对个人信息的收集超出本来范围，将本不应当收集的信息也"收入囊中"。因此，这种情况下就需要进一步强调法律的作用，要加强个人信息保护的制度立法，明确个人信息保护的范围以及行政权力行使的限度，以法律来限制行政权力的行使，保护个人信息权益。同时，法律的完善也将为基于个人信息安全的如视频监控、网警平台等提供执法依据和参考。

(二) 公共利益原则

根据我国《宪法》第五十一条之规定，我们在行使自由和权利的时候，不得损害国家的、社会的、集体的利益和其他公民的合法的自由和权利。该条款即包含个人权利的行使受限于社会公共利益的意思，个人信息权益作为私权利当然概莫能外。美国等判例法国家也将公共利益作为限制个人自由的依据。可见，以"公共利益"限制公民基本权利，是世界各国宪法的通例。在数

---

[1] 林腾鹞：《行政法总论》，三民书局，1999，第72页。

字化治理中,行政机关对于个人信息的收集和使用应当是出于公共利益和社会管理的必要。尽管公共利益体现了多数人的公益对个人权利的压倒,但必须谨防以公共利益之名行压制个人权利之实。①

(三) 比例原则

比例原则是公法领域对公民自由进行限制的重要原则之一,具体包括三方面的内容:适当性原则、必要性原则、狭义比例原则。② 比例原则讨论的是涉及权利的公权力的行使问题,在公权力行使目的和行使方式之间应当存在一个合理的比例关系,即公权力行使过程中对于相对人权益的侵害不得超过必要限度。针对个人信息保护,无论是行政机关对于个人信息的采集利用还是为了其他利益抑或是公共利益而侵害了个人信息权益,都应该选择达到目的所需的最小限制手段或最少侵害,对侵犯个人信息权益的合法性、必要性以及有效性进行衡量。如果限制目的合法,但采取的手段不合理,导致所产生的代价远远超过所获得的利益,那么该限制措施或侵犯行为仍将因违反比例原则而被推翻。

三 个人信息保护的基本原则

《个人信息保护法》顺应我国社会发展过程中对信息保护日益重视的趋势,在《网络安全法》《数据安全法》的基础上进一步明确了对个人信息权益的保护,规范了个人信息处理活动,并

---

① 我国司法实践中有这样的案例,某女青年到石河子医学院某附属医院做人流手术,手术过程中,医师组织十多名男女实习生围观见习,女青年提出回避未果,身体隐私受到侵害的原告遂提起诉讼,而被告医院以医疗教学、科学普及属于公共利益为由提出抗辩,此即为对公共利益的曲解和滥用。
② 适当性原则要求对权利的限制必须有助于达到立法目的;必要性原则要求在所有能够达成立法目的的限制手段中,必须选择最少侵害的方法;狭义比例原则要求对权利所采取的限制手段应当与要达到的目的保持合理的比例关系,不得失衡。

亮明了个人信息处理的底线或红线。《个人信息保护法》较为鲜明地提出了在个人信息保护中应对权益冲突、处理个人信息时需要遵循的基本原则，具体有以下几项。

其一，"处理个人信息应当遵循合法、正当、必要和诚信原则，不得通过误导、欺诈、胁迫等方式处理个人信息"，即秉持诚信原则。在当今数字化时代背景下，合理合法地利用个人信息显得至关重要。只有确保手段的合法性以及目的的正当性，社会治理才能从中获取积极效应。反之，倘若违背这一原则，将会对个人权益造成侵犯，并可能滋生诸如信息买卖、电信诈骗、敲诈勒索等一系列犯罪行为。

其二，"处理个人信息应当具有明确、合理的目的，并应当与处理目的直接相关，采取对个人权益影响最小的方式。收集个人信息，应当限于实现处理目的的最小范围，不得过度收集个人信息"，即最小影响原则。在个人信息的使用上，应当坚持清晰、合理的原则，强调个人信息处理的目的必须具有特定性和明确性，避免目的的表述过于笼统和广泛，力求将对个体权益的影响降到最低。无论是互联网平台还是政府机构，均不得借公共利益之名随意处置个人信息；同时，任何软件开发企业都无权以不加限制的方式调用设备权限，从而索取用户的个人信息。

其三，"处理个人信息应当遵循公开、透明原则，公开个人信息处理规则，明示处理的目的、方式和范围"，即公开透明原则。要在需要使用个人哪些信息、怎样使用个人信息等方面做到公开、透明。当前政府在推进数字化治理过程中，往往会使用到互联网企业或者招标入围企业的软件或平台，依托手机App等终端采集到的个人信息如何保护是个非常重要的问题，要把信息采集的目的、原因清晰地展现给用户，或通过互联网平台发布专栏，或通过政府政务公开栏目。为了确保公众对个人信息保护的合理期待得到满足，并进一步增强公众对政府工作的信任度，政府应当及时、充分地公开相关信息，使个人信息处理的目的与方式透明化。

其四，"处理个人信息应当保证个人信息的质量，避免因个人信息不准确、不完整对个人权益造成不利影响"，即个人信息质量原则。对于个人信息收集，除了要对收集到的信息做好保护和使用上的公开透明，还有很重要的一个方面是收集过程，要设定好信息收集范围、内容，力争完整和准确利用，要保证个人信息数量达到一定比例，既要避免因信息不全而反复多次收集，对个人造成不必要的困扰和猜疑，也不能歪曲、无端篡改个人信息，更要保证收集信息的精准度与时效性，为精准数字化治理打好基础。

其五，"个人信息处理者应当对其个人信息处理活动负责，并采取必要措施保障所处理的个人信息的安全"，即安全利用原则。在数字化时代背景下，为了构建一个安全可靠的个人信息流通环境，我们必须不断跟进并升级信息安全技术，确保个人信息在其整个生命周期内的安全性和高效性得到持续保障。

在数字化时代，治理本身并不是政府、企业或个人单独的事情，因而由此产生的个人信息保护工作也不是上述单一因素能够独立完成的，必须集合多方面的力量，联合各个环节共同发力，一起参与到个人信息安全防护工作中，最大化呈现个人信息的自身价值，从而实现共赢。

第二节　数字化治理中个人信息保护的边界划分

个人信息保护的出现，是人类自主性权利平等保护发展的结果。伴随着大数据、云计算、人工智能等技术的普及和应用，数字化所带来的深刻变革加速推动了个人信息保护理念的演进。在强调个体自主权利的导向下，传统的个人隐私权保护逐渐显得不足以满足当代个人信息保护的需求。尽管在信息时代中，个人信息保护的核心价值在于维护个人信息自决权，但随着大数据时代的到来以及个人数据处理方式的变革，个人信息自决权的概念也随之发生演变，进而催生了个人信息自控权这一崭新理念。随着个人信息内涵不断扩张，个人信息保护的范围也越来越广，包括但不限于私人领域和个人信息数据化等。而在这个过程中，数字化时代下"奔跑"于互联网平台的个人信息数据则成为重点关注和保护的对象，成为网络隐私权保护的主要客体内容，也是数字化治理过程中需重点关注的内容。在信息社会，个人信息既是促进经济发展的资源，也是推动社会整合、制度变迁的动力，对个人信息的过度保护可能会阻碍信息的有效流动和功用发挥，但如果保护不足又将导致个人信息被滥用。个人信息保护固然在于保障自然人的人格利益，保障个人信息安全，但也必须顾及对个人信息合理利用的促进。也就是说，个人信息保护既保护个人信息之上的个人权利，又要确认政府机构和商业机构处理个人信息的合法性，其目标是寻求个人信息开发利用和人格权保护之平衡。因此，对个人信息如何保护、如何合理利用、如何把握其中的边界成为数字化治理过程中需解决的重要问题。

一 个人信息保护的价值取向

个人信息保护边界的构建，并非一个纯粹的法律技术问题，其中还包含了一定的价值取向判断。在个人信息保护中，面临的明显价值冲突在于以个人信息保护为代表的人格尊严价值与以知情权、表达自由权为代表的信息自由价值之间的冲突及其背后所代表的私人利益与公共利益的冲突。

（一）人格尊严优先的价值抉择

自然法学视角下，信息自由是构建个人信息制度的重要价值向度，其基本内容是信息获取自由、信息认知自由和信息表达自由。以霍布斯、黑格尔等学者的信息契约论为基础，联合国以及一些国家与地区将信息自由权确立为公民的一项宪法权利。[1] 信息契约论认为，社会各领域的信息传输是国家与社会赖以维系的纽带，作为社会成员为保障国家与社会有序运转，应当将部分专属于自身的信息权利让渡给国家，从而促进社会公共福祉的实现；而国家为了给社会公众提供更好的社会福利，有义务在管理这些信息的同时允许公众获取相关信息，从而满足公民参与社会管理的需求。

人格尊严是指人作为法律主体应当得到尊重，人在社会中生存，不仅要维持生命，而且要有尊严地生活。人格尊严是人格权立法诸多价值中的最高价值取向，其本质是让人民生活更加幸福。个人信息具有可识别性特征，能够显现个人的生活轨迹，勾勒出个人人格形象。因而，对个人信息的保护越来越要求保障个人生活安宁、个人隐私不被侵犯、个人信息自主决定，其所彰显的正是个人的尊严。对于每个人来说，无论是穷人还是富人、是名人还是普通百姓，都享有对自己信息的权利。[2] 通过法律保护，严禁信息生产者、控制者和管理者非法采集、滥用、传播个人信息，就可以发挥保护个人人格尊严和人格自由的效果。也正是因为个人信息彰显了人格尊严，所以有必要将其上的权利作为一项人格权来对待。

人格尊严与信息自由价值取向的目的都在于确保主体意志与行为的自主性，然而两个价值在指向上却出现针锋相对之势：人

---

[1] 1946年11月14日，联合国第二次全体会议做出第59号决议指出："信息公开是一项基本人权，是联合国所追求的所有自由的基石。信息自由暗含着在任何地点无限制的收集、传播和公布信息的权利，它是任何推进世界和平和进步严肃努力中必不可少的因素。"

[2] 王利明：《人格权立法的中国思考》，中国人民大学出版社，2020。

格尊严价值取向强调信息主体对个人信息享有充分的自决权利，排斥他人的干涉和妨碍；信息自由价值取向则主张对个人信息进行自由传输及利用。由此，个人信息保护价值层面的冲突已经在实证中显现。比如，社会治理手段的升级导致了以国家机关、其他履行公共职能的组织为代表的数据权力主体大规模地集聚并利用个人信息来塑造与调整个人行为，缺乏制衡能力与信息资源的个人无法凭借"信息自决"来实现对上述侵害风险的防御与保护。[1]

笔者认为，我国对于个人信息的保护应当坚持人格尊严优位理念，个体的根本利益在于人格尊严的维护，而构建公益社会的基石则在于信息的自由。只有确保充分尊重信息主体的人格，才能进一步允许他人在合理范围内利用个人信息。举例而言，在个人信息被收集和利用的情境中，对个人信息采集的实施应是主要的体现，这样方能实现对信息主体人格尊严的尊重，尊重信息主体人格尊严主要的体现是他人实施对个人信息的采集、利用、传播和分析等行为应当经过信息主体的同意，而且信息主体有权向相关主体查询有关这些行为实施的目的、方式以及期限等事项，并对违法行为或不当处理行为提出异议，当信息处理者或管理者不履行上述义务时，信息主体有权提请救济。另外，制度设计者在优先维护人格尊严的同时，不应偏废蕴含自由与效率等价值的信息自由，即个人信息处理人在法律规定范围内可以被允许与信息主体互利合作，以实现个人信息的自由流通与利用。

（二）公共利益与私人利益的平衡

数字化治理中，政府权力对于私人生活领域的介入更加深入。个人信息权益具有私人属性，而公权力行使代表着公共利益

---

[1] 王锡锌：《个人信息国家保护义务及展开》，《中国法学》2021年第1期，第145~166页。

属性。在数字化治理下来谈个人信息保护，那就必须要讲公共利益与私人利益的平衡问题。纵观历史，从古至今我们都倡导要有家国情怀，要把国家和人民的利益放在前列，要有"舍小家为大家"的觉悟，但放置于公共利益与私人利益的关系上讲，并不意味着要放弃个人利益、放弃个人信息安全。恰恰相反，只有保护个人信息安全这一个人利益，才能更好地平衡二者关系，使个人更加放心地投入到我国社会主义现代化建设中，为国家发展贡献力量。在公益与私益的相互关系中，公益的优先性表现得非常明显。换言之，只有确立个人信息权益保护优先的治理理念，才能在数字化治理中真正实现公共利益与私人利益的平衡。在数据时代，网络信息技术的发展使政府等相关机构对于社会治理更加便捷，很多工作都可借助数字化平台和移动端系统完成，改变了过去"人海"式治理模式，大大提高了社会治理成效。而在这种新型治理过程中，本应强调的公共利益的正当性目的和个人信息权益的私法的属性平衡问题，却在实际工作中成为难以依据一定规则和指标加以平衡的现实难题。从行政权力运作机制的角度出发，实现公共利益目标的关键途径在于将其转化为公众能够知情参与的形式，从而使公共利益目标得以接受广大公众的审视与监督。而在这个过程中，行政公开成为实现公众知情参与的关键途径，其中就包含了对个人信息的获取和使用的公开，而在公开过程中就存在潜在的个人信息安全。因此，为了实现公共利益和私人利益的平衡，行政机关依据严格的规章制度进行信息公开，保障公共利益的实现，同时依据制度条款中的保密等原则，明确公开的内容范围，最大限度保护个人信息安全，保障个人权益。在数字化治理中清晰界定行政权行使的个人信息权益边界，可以有效推动现实公共利益和私人利益的平衡。

二 个人信息保护边界的设定

信息社会的兴起改变了人类的社会生活方式，同时也极大地转变了社会治理的手段和模式。随着人们享受到越来越便捷的生活和政府服务，个体尊严的存在也面临挑战。在这种情况下，对于个人信息不应当再是消极的不受侵扰的权能保护，而应当是个人主动掌控自己的个人信息。数字化治理中，严格规制公权力行使，明确个人信息保护边界，有利于确保在个人信息不受非法侵犯的同时，还能以合法手段，以公共利益为目的促进个人信息的合理利用。

（一）个人信息保护中公权力行使边界

从现实来看，个人从出生起就置于社会治理之下，依据一定的治理规则和习惯与政府等组织机构发生着信息数据的互动，由此在众多组织机构中留下一定的个人信息数据。换言之，政府等机构对个人事务的管理已经到了事无巨细的地步，特别是随着大数据、云计算等新技术的发展，数字化治理时代的个人信息收集使用更加便捷、快速、高效，个人信息化身为数据"精灵"，自由灵动地穿梭于互联网上，并依托系统平台快速传递。当前，数字化的普及和应用越来越广，在社会治理中也展现出了强大的能力和作用，但在令人欣喜的同时，我们无法忽视个人信息以数据的模样在互联网上"裸奔"，以致网络上个人隐私令人担忧。数字化时代，个人身份数据被广泛存储于政府、银行、医院、酒店等众多组织中，每个人的活动无时无刻不在被不同组织的数据库进行"记录"和"监视"，这些数据如果被别有用心地利用和整合，个人人身财产安全将不可避免遭受侵害。[①] 同时，个人信息以数据的形式存在着，使很多时候对这种形式的个人信息安全易

[①] 涂子沛：《大数据》，广西师范大学出版社，2012，第124页。

于忽视,简单的"复制—粘贴"、便捷的"一键提取"、高效的"一网直达",仿佛让我们能够"拥有"全世界,"记住"全历史。但是,"如今,遗忘已经变得昂贵而又困难,记忆反而便宜又容易"①,这也无疑加大了信息主体人格尊严被侵犯的风险。

根据前文所述,个人信息保护的重要价值取向是公共利益与私人利益的平衡。作为一种价值导向,其约束力必须通过具体的规范转化而来。这种规范转化主要体现在权利竞合规范、侵权责任抗辩事由、权利限制规则等方面。处理权利冲突,重要的是通过立法明确权力的边界,也就是公权力行使的边界。当个人信息的收集和利用成为政府权力行使的基础时,为了防御公权力对个人信息的过度干预,必须通过制度设计规定公权力行使的边界,以保障个人信息自决权利。也就是说,信息主体有权自主处理个人信息,公权力不应干涉。这里的"不干涉"指的是不剥夺、不限制,除非是出于公共利益的考虑。在现代社会中,个人信息保护的举措不仅旨在防范公权力的非法侵犯行为,同时也涵盖了政府采取的一系列积极有效的预防措施,确保公民的个人信息权益免受来自公权力机构以及其他第三方的任何侵害。因而,个人信息保护中公权力的行使主要强调公权力不侵犯个人信息权益与保护个人信息权益的双重任务,这首先需要通过立法来明确个人信息权益边界,然后再明确信息主体对个人信息自主决定控制权。个人信息日益社会化的结果表明,公民的个人信息不仅在个别程序上可能受到侵害,而且在信息收集、留存、使用和传播的全过程中都可能受到侵害。数字化治理过程中,政府的数据化决策和管理是以收集和利用个人信息为基础,尽管是为了提供更好的公共服务,但是政府在个人信息的收集和利用方面应确保安全,并

---

① 〔英〕维克托·迈尔-舍恩伯格:《删除:大数据取舍之道》,袁杰译,浙江人民出版社,2013,第118~119页。

受到严格的限制，以保护人格尊严和尊重个人自治为基础。

在公权力行使范围内，保护个人信息的实质已演变为不能随意公开或扩散已经收集的个人信息的权利主张，而行政公开制度则是行之有效的措施之一，以确保公民的个人信息权利。政治文明的发展表明公民权利保护一直是政治文明建设的难点和关键所在。只有当公权力尊重公民权利时，才能获得广泛的社会认可和群众支持。行政公开是对公民知情权、人格权、生产与发展权的尊重与保障，是政治文明的重要体现。[①] 个人信息权益的边界被确定为行政公开的范围，要求行政机关在收集、利用和传播个人信息时必须遵循法律规定的要求。尽管行政公开与个人信息保护直接冲突，但通过行政公开和构建开放政府是平衡公共利益与个人利益的需要，更有益于实现个人信息保护。

此外，权力应当受到监督是普遍共识，但权力边界的不确定性，也为权力监管带来诸多困难。因而，公权力系统内部应当设置权力边界，加强对公权力的监管。一方面，要依据权力需求将权力行使边界限制在最小范围内，即对个人信息的收集和使用权限应限制在"非必要不授予"的范围内，不必要的主体、不必要的操作、不必要的客体均不应纳入相应的权力设置中，从而减少滥权。另一方面，通过权力清单方式对权力边界予以明确。通过设定信息控制者的权力清单，明确其在个人信息保护中的权责，以减少个人信息的过度采集和滥用；同时，通过设定监管机构，确定其权力清单，进一步明确其监管的职责和范围以及责任及奖罚机制，以减少监管机构在风险识别、安全事件处置等方面的不足。

（二）个人信息公法与私法保护的界分

数字化治理下，政府工作效率大大提高，治理手段和方式更

[①] 朱立言、陈宏彩：《行政公开：政治文明的重要标志》，《公共管理学报》2004年第1期，第15~21、93页。

加多元，治理能力朝着现代化目标加速迈进，但是在这个过程中，由于个人信息的数据化，个人信息出现了不稳定性，信息安全风险有所增加。面对数据化的个人信息，政府如何正确对待和认识则显得十分重要，如果对收集的数据做出错误的理解和判断，如果在数据使用中因操作不当造成数据错乱、暗改，乃至因为一些因素直接编辑数据，那么从一定程度上说，个人信息背后所代表的个体，其独立性的体现就值得思考了。因此，从预防公权力滥用、保障个人权益的角度来说，数字化治理下的个人信息安全问题尤为重要，对个人信息安全背后的人格尊严问题尤其要重视，必须维护数字化时代下个体的人格尊严。"人格尊严不受侵犯"，是我国宪法中对人格尊严加以保护的基本要求，虽然宪法中对于人格尊严的规定不多，学界也存在着广义狭义等多种内涵界定，但有一点可以肯定，宪法就是人格权保护的最后堡垒。同时，从立法实践的角度来看，以人格尊严为价值追求，个人信息的法律保护经历了从民法、刑法到个人信息保护法的发展路径。总的来说，作为人格权的个人信息，是受到公法和私法的双重保护的，但是在特定情况下又必须从某个单一角度来解读和认识，不能把公法和私法混在一起，必须厘清二者保护上的边界问题。

在实现对个人信息权益的全面保护中，个人信息的公法和私法保护的界限分野是一个重要问题。

一是保护内容的衔接性与互补性在个人信息保护方面显得尤为重要。从对个人信息保护的起源来看，最初个人信息保护是从民法、侵权法或消费者权益保障法中发展而来的。民法致力于对平等主体侵犯个人信息权益的定性与保护，比如当个人权益被侵害时，侵害行为如何认定、过错责任如何认定、侵害样态如何、侵害因果关系认定等，通过私法的保护得到了明确；在政府权力侵犯个人信息权益的情形下，私法保护的成果可以直接延伸至对公权力进行制约的公法保护层面,这一现象揭示了个人信息私法保护与公法保护之间的紧密联系和相互补充性。再者,个人信息之上承载了众多主体的利益需求,不仅包括信息主体利益,还包括控制者利益和公共利益,而信息主体和信息控制者之间的力量失衡,导致以个体维权和诉讼为核心的私法保护机制无力纠偏,亟须以公共监管、执法和处罚为主要手段的公法保护机制的协助。[1] 此外,从法律位阶的角度看,宪法作为根本法,指导并监督民法,并在民法无法充分保护个人信息时发挥弥补作用。在民法对个人信息的保护力所不及时,宪法就会发挥权利保护的终极作用。尽管避免一项权利被侵犯,不必然要求其必须上升到宪法的层面,但这并不意味着要避免权利本身的宪法属性。我国《宪法》第三十八条规定:"中华人民共和国公民的人格尊严不受侵犯。"个人信息的收集、处理与利用与个人信息主体的人格尊严息息相关,而个人信息宪法保护的建立,则能够对人格尊严及自由提供更为坚实有力的保障,并将在推动私法领域中个人信息权益的深化和发展方面发挥关键作用。

二是调整的法律关系与目标的差异性。从法理上而言,权利本身并没有公与私之分。然而,具体在权利的保护方面,确实又存在公法与私法方面的区别,对平等的民事主体权利的保护是典型的私法保护。公法保护则是从对抗公权力行使的角度对信息主体进行保护。二者在个人信息的意义与规范功能上是不一样的。国家权力与个人信息之间的关系调整,恰恰是公法需要关注并提供保障的范畴。个人信息具备一种主观防御机制,能够有效抵制来自其他权力主体的侵犯行为。而在客观层面,政府肩负着规范私法秩序的职责,需确保个人信息不受任何非法侵害,并在此基

---

[1] 王锡锌、彭錞:《个人信息保护法律体系的宪法基础》,《清华法学》2021年第3期,第10页。

础上营造一个和谐有序的公共环境。而私法保护的核心在于实现对个人信息私权益的保护。从我国情况来看，目前已经颁布专门针对个人信息保护的法律——《个人信息保护法》，该法以保护个人信息权益为目的，以促进个人信息合理利用为导向，旨在规范个人信息处理利用行为，不仅调整个人和其他组织实施的个人信息处理行为，还调整国家机关实施的个人信息处理行为，并规定了相应的救济手段。因而，它是一部涵盖了公法与私法属性的综合性立法，旨在对个人信息保护进行全面而详尽的规定。

三是调整方式与手段的差异性。公法和私法由于其各自的角度不同，虽然都是在开展对个人信息的保护，其呈现的实际情况必然是有差异的，具体可以称为保护方式的差异以及手段工具的差异。公法保护是"以公谈私"，关注公权力的规范运行，避免潜在的公权力滥用以及由此造成的潜在的个人信息风险，侧重于从个人与公权力的对抗中寻求保护，具体操作上便是依据一定的规范，合理限制公权力，以使公权力"不能""无法"侵犯个人利益。而私法保护则是"就私谈私"，坚持从个人权益位置出发，平衡各种主体之间的利益，强调个体的私权利，主张个体依法享有的权利必须得到保障。由于私权利侵犯个人信息的行为具有侵扰性特征，而公权力对个人信息的侵害则表现出更强的侵入性特点，因此，在私法保护体系下，为个人信息提供精神和经济层面的补偿成为更为显著的表现形式，还包括恢复名誉、赔礼道歉等精神性救济。而进行民主监督与实现个人自治则是公法保护更侧重的，其途径主要是以国家赔偿、公民抗拒等方式进行相应的救济。对于侵权者主要让其承担立法无效与行政担责等在公法层面的责任。当然也可从公共利益维护的角度出发，由国家制定相应的法律法规加以规制。

总之，个人信息的私法保护是对平等主体之间的个人信息权益进行保护，主要是指民法保护；个人信息的公法保护是针对国家公权力行使不能侵犯个人人格尊严,主要指宪法或行政法抑或刑法保护。

其一,对于个人信息财产利益的保护应当适用私法。网络和信息技术的发展提高了个人信息的商业价值,使其逐渐成为商家追逐和获取的目标。个人信息的买卖交易现象日益普遍,将个人信息视为商品进行买卖或商业化利用已经成为社会的普遍现象。在这种背景下,以个人信息权益财产化保护为代表的人格权在财产利益保护方面的问题成为民法学研究的一个重要议题。针对侵害人身权益造成财产损失的情况,《民法典》第一千一百八十二条确立了"获利视为损失"的赔偿规则①,反映了下一步人格权具有了商品化的趋势。就此,人格财产利益的商品化交换是平等主体之间的行为,这显然应该是私法保护的内容,应当按照平等、等价有偿的保护原则来处理。当然,从公共利益角度看,公权力在一定的条件下会干预和介入个人信息,但不管如何,个人信息是不能随意进行交易与买卖的,这也是公权力行使的基础。

其二,公法保护视野下真正具有保护价值的是信息主体对于个人人格和自由的欲求目的,尤其是在数字化治理普及的当下,几乎所有政府部门都在收集利用个人信息,对个人信息安全构成极大威胁,而个人对于私人信息和领域的决定与行动的自由是个体性存在的根本。因此,个人信息的公法保护旨在确保各利用主体在利用与限制个人信息之时,要确保公权力不能侵犯个人信息权益。数字化时代,在个人信息的公法保护方面涉及对个人信息权益客体的立法保护,同时也牵涉到通过行政法对政府双重职能

---

① 我国《民法典》第一千一百八十二条规定:侵害他人人身权益造成财产损失的,按照被侵权人因此受到的损失或者侵权人因此获得的利益赔偿;被侵权人因此受到的损失以及侵权人因此获得的利益难以确定,被侵权人和侵权人就赔偿数额协商不一致,向人民法院提起诉讼的,由人民法院根据实际情况确定赔偿数额。

的规制与设计,以及对技术侦查手段中个人隐私权边界的设定。其目标在于达成限制和规范以公权力为核心的个人信息权益的公法保护效果。

综上所述,个人信息公法和私法保护的界分决定了个人信息保护的现实样态,私法与公法应各司其职,在各自领域内做好保护工作。值得注意的是,在预防和惩治侵害个人信息权益行为的同时,应保护对个人信息的合法利用行为,合理平衡保护个人信息与维护公共利益之间的关系。所以,在办理侵害个人信息权益类的案件中,尤其是个人信息犯罪类案件,应严格把握"违反国家有关规定"的构成要件,对《个人信息保护法》规定的处理个人信息免责事由情形,以及对"经过加工无法识别特定个人且不能复原的信息"的合理利用,不能认定为侵犯个人信息犯罪。

三 个人信息保护边界的完善路径

前文提到个人信息是强调"识别性"的,除此之外在保障个人信息的法律保护时,应当注重保持一定的动态适应性和灵活性。诚然,详尽周全的规定对于全面保护个人信息至关重要,但过度宽松的标准可能导致在具体案例中界定个人信息存在困难。特别是在大数据时代背景下,自动收集技术、大数据共享等创新科技手段极大地拓展了个人信息所涵盖的内容,包括行踪轨迹、生物识别信息在内的新型个人信息类型不断涌现。原本看似不具备个体辨识度的信息,在新技术的驱动下,逐渐具备了可识别性,导致个人信息的边界日益模糊。更值得关注的是,即使是一些已经经过"脱敏"处理的信息,在大量聚集后,仍有可能通过复原技术实现对用户的重新识别,即所谓的"再识别"现象。因此,对"个人信息"的界定是动态且高度依赖于具体场景的,仅机械适用"概括+列举"方式的静态类型化识别并不符合实际。对于仅侵犯了电话号码、购物信息等单一信息的,应当遵循《个人信息保护法》"保护个人信息人身利益与财产利益"的规范目的，对涉案信息进行限缩解释，从而避免无限关联情形下的动辄得咎。值得注意的是，对个人信息进行动态界定时要注意可识别性，强调个案不是对可识别性的否定，而是在识别性方面提出了新的更高的要求。主要是平衡个人信息的利用与保护，同时在下一步的立法中，也建议对个人信息确定立法的范围。

其一，侵犯公民个人信息的边界要进一步明确。要能够区别侵权与犯罪，要找寻出个人信息与犯罪行为的边界。《个人信息司法解释》对比刑法的原则，从个人信息的敏感度来划分起点，确定入罪的边界。从多种渠道来衡量"情节严重"还是"情节特别严重"。在实际操作中，识别自然人身份通常需要结合多个信息元素。为此，在程序设计上，可以引入鉴定流程、制定合理的抽样规则或设定推定条款。具体而言，可将涉及的个人信息提交给专业机构进行鉴定核实，并在必要时采取抽样检测的方式加以验证。鉴于非法使用个人信息的行为可能对公民个人的人身权益、财产权益等造成潜在关联危害，对于此类具有典型性和重复性的非法使用行为，应将其纳入刑事犯罪范畴，依法进行严惩和规制。

其二，为了更好地保护公民个人信息，有必要对相关法律程序的转换机制进行改进和完善。当法院审理涉及个人信息保护的案件时，若发现案情符合《个人信息司法解释》第五条所列明的入罪条件，则意味着该案件可能需要从民事诉讼转为刑事诉讼处理。反之，如果某一案件最初作为刑事案件立案，但经过公检法机关审查后认为其情节尚未达到构成犯罪的标准，即不符合《个人信息司法解释》第五条的规定，此时应将案件性质由刑事转为民事。此外，在检察机关实际办案过程中，即使某些案件未能达到刑事立案标准，但如果查明其中存在大规模侵犯个人信息的行为，根据《个人信息保护法》，检察机关依然可以提起民事诉讼，此举有利于强化对个人信息权益的保障,维护公共利益,并对侵权行为实施有效规制。

其三,要明确相应的既判力规则。在涉及公民个人信息侵权的具体案件中,关于事实认定的既判力规则应当明确如下:一方面,鉴于刑事诉讼标准相较于民事诉讼更为严格,且两者在救济途径上存在显著差异,原则上,已生效的民事判决结果并不能对后续的刑事诉讼产生既判力约束。另一方面,先前做出的刑事判决应当对后续的民事判决具有既判力。也就是说,若刑事判决确认被告侵犯公民个人信息构成犯罪行为,则在针对同一案件提起的民事赔偿诉讼中,无须再次证明其犯罪行为成立,刑事判决结果对民事程序具有法律拘束力。当然,这并不排除特殊情况下的例外处理。

第五章　数字化治理中个人信息保护的可行路径

党的二十大报告强调要"提高公共安全治理水平……加强个人信息保护"[①]。在数字化治理中，政府与公民社会的互动已经是常态，不仅不存在技术上的问题，而且大数据处理技术的发展，推动了政府信息公开与公民对社会治理的参与。随着数字化程度的进一步深入，数字化治理也更加细致和完善，个人信息保护这一命题的凸显也正是政府与公民社会博弈的结果，具体而言，包括对公民个人信息的收集与使用、对个人信息保护的立法以及政府信息公开与个人信息保护的边界处理、对公民个人信息的管理以及技防监控设施安装等问题。因此，解决问题的关键在于完善相关的法律法规制度配套，要从个人信息保护范式转型、个人信息权利重塑、个人信息保护中的风险评估与应对策略、个人信息保护技术规制、个人信息保护制度体系构建等多方面多维度发力，推动数字化治理中的个人信息保护取得更大的成果。

---

① 习近平:《高举中国特色社会主义伟大旗帜　为全面建设社会主义现代化国家而团结奋斗——在中国共产党第二十次全国代表大会上的报告》，人民出版社，2022，第54页。

第一节　理念重构：个人信息保护范式转型

面对频发的个人信息安全侵害事件，各个层面对个人信息安全的重视程度都有所提高。然而，从法律界、学术界到社会层面，几乎一边倒地将防范和降低风险的期望寄托在制定法律法规上。此外，从我国个人信息保护现状来看，现有的个人信息保护范式主要采取"基于结果的方法"，重点关注个人信息被侵权之后的保护，难以有效应对数字化治理中个人信息保护风险。因此，风险的提前预防就成为问题的关键与核心，必须把目标导向放在利益平衡之上，以数字化治理的视角重构以往的个人信息保护理念，并在此基础上从三方面着手，实现个人信息保护范式转型。

一　保护目标：实现相关利益平衡

高科技的运用，对于各行业的影响都很大，自互联网、大数据技术应用兴起以来，个人信息保护与创新发展之间的内在矛盾便一直存在。尤其是数字化技术不断发展，个人信息的采集就更加普遍，一些新技术的运用也使人们深切地感受到个人权利与数据的关系。业界、学术界开始热烈讨论"科技向上"，国家也开始在个人信息保护立法方面进行不断的探索。欧盟推出的 GDPR 构建了大数据时代个人数据保护的新秩序理念，极大地增强了公民对自身个人数据的掌控力度，并进一步明晰了收集和利用个人数据的相关规范与责任边界。与此同时，该条例坚持在推动创新发展与保障个人权利之间寻求平衡，适度限制权利行使的同时，也酌情对义务与责任进行了豁免处理。该条例兼顾了以下需要平衡的正当利益及权利：公共利益、研究和统计目的，表达自由权与信息权，个人的其他核心重大利益与权利，数据控制者的合法利益。在中国改革开放高速发展的时代背景下,互联网成功地融入了中国社会。这一时期,中国社会的现代化意识也伴随着改革开放的步伐不断深化和完善。步入大数据时代,我国在个人信息保护方面紧跟全球步伐,同时面对一些具有中国特色的问题,亟须探索并走出一条符合国情的个人信息保护道路。习近平总书记多次强调要贯彻以人民为中心的发展思想,创新发展、社会秩序以及个人权利之间的矛盾时有发生,但只要坚持在"以人民为中心"的思想维度上处理个人信息保护中的利益冲突,就找到了解决问题的关键。

智慧城市技术在社会治理领域的应用,极大地优化了社会运行效能,并为城乡安全提供了有力保障,最终受益的是广大人民群众,但其技术的不当使用,也在一定程度上对公民个人信息权益造成损害。这就要求对个人信息自决权、产业发展利益和社会公共利益等多重利益予以平衡。具体而言,个人与产业主体之间需要调整信息的控制与权益的分配,个人与国家之间需要规范公权力对个人生活的不当干预,企业与国家之间需要平衡经营自由权与国家安全。因此,个人信息保护的目标是围绕"以人民为中心"进行价值的合理排序和保护,同时针对显著的信息权力(利)的不对称问题,赋予弱势的信息主体对个人信息更多的控制力,更有助于实现个人权利、企业利益、国家管理三方利益的平衡。

二 保护理念:坚持科学防范原则

风险科学防范是在损害结果产生的萌芽状态就开始彻底消除的事前预防。就个人信息保护而言,风险管理已经成为确保个人信息得到适当处理和有效保护的重要途径。从全球范围来看,预防性法律规范呈爆炸式增长,尤其是欧盟 GDOR 出台后,通过在法律中引入个人信息安全风险评估制度,以提前评估的方式发现可能存在或出现的隐患,对于泄露或滥用个人信息的情况和事件做到有效预防。通过梳理一些国家相关法律内容后可以发现,关于个人信息保护法制的"风险化"已经成为一种趋势。比如,韩国《个人信息保护法》中就有在可能导致个人信息侵害的情形下,应当分析其危险要因和导出改善事项的评价等相关规定。随着我国《个人信息保护法》的出台,在《个人信息保护法》《数据安全法》《网络安全法》等多部法律法规中均能找到类似如风险预防、风险评估等表述。[①]

风险防范,特别是针对个人信息保护这一场景,十分强调方式方法的科学性,具体而言,即合理使用现代科学技术手段,通过科学分析研判,提前掌握涉及个人信息工作中可能出现的问题,个人信息的收集是否必要,利用是否恰当,如涉及安全事件、危害等级程度高低等,并根据数据的分析进行合理恰当的应对,或化解潜在风险,或能够将风险"大事化小",从而最大限度保障个人信息安全。笔者认为,政府部门应当针对数字化治理过程中对个人信息的利用问题建构一个风险管理框架,要发挥数字化时代的科技工具力量,在主动防范风险中重新确立数字化治理中个人信息保护的理念。例如,应当考虑不同的风险因素。[②]本书认为,在数字化治理过程中至少应当考虑以下风险因素:一是基于治理需求的各个部门所掌握的个人信息的数量,个人信息量越大,侵害行为发生后的损害结果就越严重;二是各部门所控

---

① 我国《个人信息保护法》第十一条确立了"风险预防"原则。《数据安全法》第二十二条要求建立集中统一、高效权威的"数据安全风险评估机制"。《网络安全法》第三十七条提出,关键信息基础设施的个人信息和重要数据出境时要实施风险评估;第三十八条提出,对关键信息基础设施要进行"网络安全风险评估"。
② 风险管理从本质上讲是一种平衡测试,它需要考虑诸多因素,包括信息主体的基本权益、收集利用个人信息造成损害的可能性、损害的严重程度、数据控制者的权益等。

制信息的敏感性，敏感信息更容易成为被攻击目标，且危害后果严重；三是原始个人数据在流通过程中的接收者，一般主要包括政府内部其他部门、受信任的接收者和普通公众，流通风险呈递增趋势；四是目的用途方面，对于个人信息数据而言，用于什么用途是收集前需要考虑的重要问题之一，而这也会给威胁到个人信息安全的群体或个人带来不同的再识别动机。同时，必须有等级划分意识，要依据一定的标准设立风险等级。在众多领域都存在着风险管理的需要和规定，并且不同领域虽然具体要求有所差异，但在风险管理中都注重对风险的分级管控，这一点在个人信息保护中同样适用，对风险等级的划分可以参照不同的风险因素、管理目标以适应复杂多样的风险变化。[1] 例如，对于风险等级高和低两个维度，从事高风险活动的数据控制者就需要承担更高的责任，在活动之前要进行详细的风险评估并做好安全措施，一旦发生数据泄露，应通知到受侵害的具体个人；对于从事低风险活动的数据控制者，如果基本上不会对信息主体造成侵害，则可以免于通知义务。当然，对于数据控制者如何评估和量化风险，仍需要出台相应的制度或配套措施，对此，后文将予以详细论述。

三 保护路径：超越知情同意规则

纵观世界众多国家的个人信息保护相关法律规定，"知情同意"是一项非常基础而重要的机制。无论是对于个人信息的保护还是个人信息的管理来说，"知情同意"的重要作用体现在用户本人是能够较为详细了解和知晓自己的个人信息将会如何被收集和使用的，即用户本人有自主决定的权利。诚然，"知情同意"

---

[1] 张涛：《政府数据开放中个人信息保护的范式转变》，《现代法学》2022年第1期，第125~143页。

模式本身并不存在问题,但是从具体的实践层面来看,"知情同意"并没有在具体实行上"顺风顺水",其在一些具体场景下还是凸显出一些问题。比如某些场景下由于各种因素,很明显不适用"知情同意"机制,那么信息收集者会如何解决,是要"违背"这一机制,还是以"顺应"机制的名义获取到一份"无效同意",这是现实存在的矛盾。针对现实中已经存在的类似问题,完善立法是一条解决办法,就是尝试通过增加一系列更加精细、更加具体的要件来让这一规则更加有效,进而使个人信息的管理更加有力,但是梳理已有的众多案例发现,大数据时代的数字化治理中,"知情同意"背后的平等性假设前提很难完全实现,很重要的一个原因是参与数字化治理的个人与数据控制者,他们享有的信息权利(力)是不对称的。因此,超越知情同意规则,对个人权利与数据控制者权力的不对称实施再平衡是数字化治理过程中对个人信息进行保护的有效方式。具体可从以下三个方面努力。

一是权利重塑路径。个人信息权作为一种民事权利一直被编入《民法典》的人格权框架之中。从法律上讲,人格就是人作为权利、义务主体的资格,但是仅从字面意思上理解是不够的,由于人格权展现出无形性的特征,对其边界的掌握无法十分清晰完整,在具体识别上就容易模糊不清,在实践中往往会面临一些困境,如权利受到损害时的具体估量。这些困境的存在进一步导致信息主体在维护其人格利益时更关注为此所花费的成本,从而产生对于个人信息保护"口是心非"的现象。要寻求权利的重塑,一方面是对个人信息权益的概念理解要进一步拓展和延伸,可以运用财产权理论对现存的一些困境进行一定的解释和应对,通过赋予信息主体财产性权利从而获得一定的财产性收益,这样可以一定程度上激发信息主体的参与热情和积极主动性,也能够进一步激发个人的主体意识,解决过去作为数字化治理中的数据对象而非数据主体的问题。另一方面则是要从解决权利（力）不对称入手，要从个人权利与公权力再平衡的角度重新审视数字化治理下个人信息展现出的重要价值与功能，重构公私利益权衡结构，保障数字化治理中对个人信息使用的比例原则、正当程序原则的落实，这需要通过增强个人信息自决权予以实现，从而降低某些情形下公权力的不当介入，保障大数据时代个体的尊严与自主性。

二是风险防范路径。因为个人信息这一人格权，在通常情况下并不会对人的安全或财产造成直接的伤害，因此，对它的采集和使用所产生的潜在危险就不是那么显性。换言之，多数情况下人们无从知晓自己的信息被用于何种目的以及对个人权益会产生怎样的影响，人们对能够承受的风险临界点难以察觉。不可否认，数据泄露导致的身份窃取可能会造成直观的损失，但是在危害结果发生之前，信息主体很难从信息处理活动中加以预测。因此，有必要建立一套针对个人信息处理的风险防控机制，帮助信息主体与监管部门对数字化治理环境下各种个人信息的分析与处理行为所产生的风险进行科学认识与了解，并以此为基础进行风险预警。

三是技术规制路径。通过技术设计为数据控制者提供安全保密工具，为信息主体提供更便捷的权利管理工具，是技术规制路径的核心要义。从这个层面来讲，个人信息保护的技术规制不仅仅局限于加密、解密、防泄露、反病毒以及身份认证与访问控制，还应当包括信息的保密性（即保证信息不被未授权者获取）、信息的完整性（即保证信息从真实的源头到达真实的归宿）、信息的可用性（即授权者可随时使用信息和信息系统的服务）、信息的可控性（即信息控制者可以控制管理系统和信息）。总体来说，一方面，就是要通过软件和信息系统的设计保护，从收集、存储、使用、删除等个人信息生命周期的各个环节，为用户提供安全设计，方便用户管理个人数据利用的授权，提供完善的同意退出机制和数据删除机制,为用户提供方便数据迁移至其他服务提供商的互操作接口,实现真正的信息主体的数据控制权;另一方面,加快推进技术进步,增强系统防护功能,抵御不法攻击,防止数据泄露,推动数据控制者构建完善的身份识别和访问机制。

综上,超越"知情同意"的个人信息保护,不等于完全抛弃了个人信息自决权,而是让信息主体更高效率地行使自己的权利;为个人资料处理建立风险评价机制,进一步明确风险并采取相应的风险降低措施;通过技术规制措施,为信息主体实施数据控制权提供支撑。

第二节 权利保障:个人信息权利的重塑

数字化治理中,权力机关和数字服务提供商与个人之间存在着巨大的不对称性。与此同时,随着物联网的普及,企业与政府也开始利用大数据跟踪技术,对个体行为进行全面监测,并通过分析、预测等手段,对用户行为进行潜移默化的影响。在数字化治理进程中,最大的危险就是大数据技术的滥用给个人信息保护带来的危害。

从目前世界范围内的个人信息保护状况来看,通过给信息主体以更大的权利,加强其对自身信息的控制与管理,已成为世界较多国家立法上共同的发展趋势。与此同时,为促进"数字经济"与"个人数据流动与使用""行政与司法"相结合,立法中以"数据控制者"与"公众利益"为限制权利的依据。目前,美国、欧盟和中国等都采取了"个人信息自我管理"的方式来实现个人信息自主决定权。通过法律的授权,让他们能够拥有自主支配其个人信息并对抗一切主体(包括经营者与治理者)侵害的权利,方能在个人与这些主体之间合理地分配利益,从而促进现代社会有序发展。也就是说,个人享有充分的信息自决权利是数字化治理过程中个人信息保护的核心。

一 个人信息自决权制度设计——以权利保护限制为视角

个人信息自决权是指公民有权自由处理自己的个人信息资料,排除别人的侵权行为的权利。这是一种绝对性权利,虽然从个人角度看是一种自我保护,但从数字化治理的宏大视角来看是存在一定问题的,突出问题就是在合理合法的前提下使用个人信息数据的效果会受到影响,进而对数字化治理造成一定阻碍。因此,如何让个人信息自决权得到释放的同时,又不会出现因权利缺乏制约造成社会治理的低效,这就存在一个权利保护限制的问题。

一般而言,个人信息自决权至少应当包括以下四个方面:一是决定个人信息是否以及如何被处理的权利,二是要求个人信息管理者或使用者对个人信息采取有效的保密措施的权利,三是对个人信息处理方式、应用范围等事项进行查询的权利,四是要求信息管理者对个人信息进行更正、删除或封锁的权利。关于上述权利,我国《民法典》和《个人信息保护法》明确了个人信息处理的一般规则,同时规定个人信息主体对个人信息享有的一系列权利。当前,信息自决权的实现主要依赖主体同意机制,但实践中仍存在不少不知情的同意、强迫的同意、一揽子同意等违背个人信息主体真实意愿的方式获取同意的现象。对此,需要从民事权利和基本权利两个方面,重新构建个人信息自决的权利体系。

信息自决的核心在于保护公民对个人信息使用、处理等方面的知情权、决定权,并不意味着个人对与其有关的个人信息的绝对排他性控制。由于附着在个人信息之上的利益同时具有"信息自决"和"信息利用"两个面向,这归属于不同的权利主体,导致信息主体与信息处理者之间难免发生安全保护与价值利用的利益冲突。① 对此，个人信息自决权的行使还应受到一定限制。比如，公民可以查阅的个人信息在涉及商业秘密和社会治理所涉秘密的情况下，应当需要对其进行一定的限制，或者需要对其进行保密；如果同时采集或储存了多个人的个人信息，那么在有人查找时，应对其他人的个人信息予以保密；在关系城市建设与发展的重要利益的情况下，公民对某些信息的强制性披露是需要接受的，以满足公众的知情需要。另外，对于个人信息利用过程中，基于公共利益及解决权益冲突的需要考量，可通过公共利益原则、法律保留原则、比例原则等对个人信息权益予以适度限制。

二 个人信息财产权利的引入——以民事权利理论为视角

从世界范围来看，个人信息最初被视为隐私权在信息化时代的逻辑延伸而进入人格权的视野，而这种逻辑延伸不是无本之木、无源之水。人格权的建构依赖于个体与外部交往的"自我表现"，其本质即是个体自主地决定自己的个性发展以及如何利用自己的信息。纵观世界各国的个人信息保护立法，都是以隐私法或数据保护法的方式来完成对个人信息的保护，如信息访问权、更正权、删除权等，各项权利之间相互配合，构建成完整的权利体系。"个人信息"在我国传统的法律观念中被视为人格权的对象而存在，它被授予了禁止他人非法获取、非法出售或非法提供个人信息资料的权利，但是，这种权利属于被动的，不能给予信息主体正面的权利，以将个人信息作为财产进行交易。

目前，世界上大多数国家都没有在法律上对数据财产权做出明确的规定，但是，如何使它成为一个兼顾数据产业发展与个人信息保护之间关系的方案，一直是学术界的一个热点问题。以尼

---

① 刘双阳：《论个人信息自决权刑事司法保护的边界——以已公开个人信息为中心的分析》，《人权》2021年第5期，第148~162页。

莫·雷蒙德为代表的学者认为,信息财产权可以更好地界定企业或个人对特定信息的披露、使用、变更、复制等行为,并通过一系列的权利与约束,形成信息的财产权状况,而不能单纯依赖侵权法的合理行为准则,实现对信息的持续利益均衡。[1] 国内学者邢会强认为个人信息财产权是有必要的,这样能够让个人"运用财产规则加入到个人信息的交易流转过程之中"[2]。龙卫球认为要从用户和数据经营者两方面来考虑数据财产权的建构,要赋予用户人格权和财产权的双重性权利,赋予数据经营者数据经营权和数据资产权。[3] 吴晓灵则认为数据是一项非常重要的财产,明确数据产权制度,是制定相关法律法规、规范数据流转的先决条件。[4] 综合以上来看,学界关于在新时代建立数据财产权的提议,实质上就是要实现对个人信息的保护与使用的均衡。传统的以个人权益为中心的信息权利制度,已不能适应目前我国对数据流通与共享的紧迫需要,需要对数据财产权进行重构,以适应数据经济发展的时代需要。

(一) 个人信息财产权的权利体系

个人信息财产权有着比较复杂的内部构成,它呈现体系化的特征。首先,数字化治理下个人信息是以数据的形式存在,把数据看作一个动态的发展过程,我们能够发现个人信息财产权在这个过程的不同阶段都是存在着的。在这个过程中,企业或者管理者对其进行授权只是一个初步的步骤,之后运营商就可以对数据

---

[1] Nimmer, Raymond T., Patricia A. Krauthaus, "Information as Property Databases and Commercial Property," Int'l JL & Info, Tech, VO1, 1993, pp.3-34.

[2] 邢会强:《大数据交易背景下个人信息财产权的分配与实现机制》,《法学评论》2019年第6期,第98~110页。

[3] 龙卫球:《数据新型财产权构建及其体系研究》,《政法论坛》2017年第4期,第63~77页。

[4] 吴晓灵:《个人数据保护的制度安排》,《中国金融》2017年第11期,第11~13页。

进行合理的处理、共享和传播等。以数据资产化的方式，运营商就可以与众多的利益相关者建立联系，这也是数据财产的流动过程。其次，从主体来看，在个人信息的价值链中，有以数据为主体的，如数据提供商、网络运营者等，这些都是个人信息的重要组成部分。其中，数据主体为原始材料的生产者和提供者，网络为数据提供了传输通道，并且主体因活动而形成了一系列信息数据，之后经过事先的一些协议将这些信息提供给数据经营者。数据提供商则包括网络服务商、数据处理服务商等，他们参与数据活动，并且通过使用者的允许，成为被授权人，再汇集并处理所采集的用户数据，从而成为实际掌握这些庞大数据的人。此外对掌握的这些数据还可以进行再分析和再加工，衍生出数据商品，享受因此带来的收益。最后，从个人信息经济价值的产生角度来说，个人信息的收集和采集阶段就是初始信息交易过程；然后通过数据的集合、加工形成数据库、数据平台等资产；再通过对数据的分析形成数据决策产品或服务；最后还包括数据的交易，以实现数据资产的使用价值或交易价值。以上个人信息财产权生成的整个过程，涉及多重主体，包括信息主体、数据产业者等，相关主体所享有的个人信息财产权的私益结构也主要表现为在一定范围内的排他性占有、支配性的私人利益。

当前，个人信息财产权保护的不足，不仅阻碍了数字经济的发展，还导致了一系列社会问题，包括数据产业者与个人利益、国家安全的协调，数据企业之间的数据纠纷，其根源在于数据权利不清、归属不明。[1] 因而，在承认个人信息财产权利的基础上，还应当明确数据财产权利归属，划清个人与数据产业者之间的利益分配。本研究认为，在对其进行权利分配的过程中，应该按照

---

[1] 李爱君：《论数据权利归属与取得》，《西北工业大学学报（社会科学版）》2020年第1期，第89~98页。

其生命周期中的各个阶段进行适当的分配，如图5-1所示。

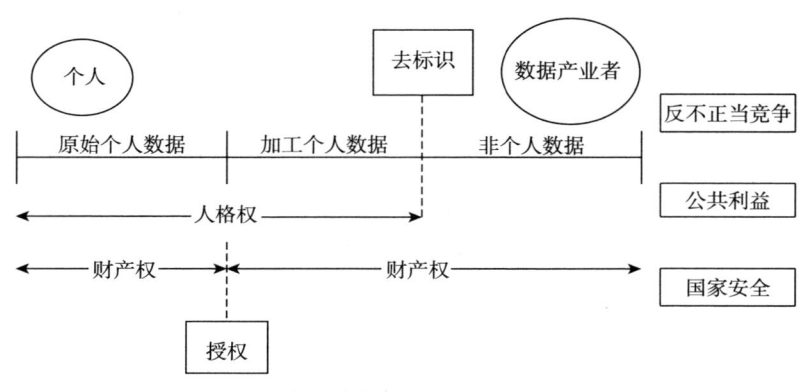

图 5-1 个人信息权利多元利益配置模型

一是关于信息主体的权利，信息主体应同时享有人格利益和财产利益，其中人格利益的保护是传统个人信息保护的面向。从世界范围内的法律规定来看，对于个人信息的人格权利，存在着一种宽严性的区别。例如，对于生物识别信息、基因信息、性倾向等信息，通常都是采用比较严厉的方式来保护，与此同时，对于非敏感个人信息，比如个人消费偏好、消费记录、定位跟踪信息等的保护则相对宽松；在通常情况下，信息主体对其财产权包含了对其所有权意义上的占有、使用、收益和处分等权利。在信息采集过程中，向其授予了对信息拥有的权利，而后者则可以按照使用者的约定，把它转让给企业或者在数据交易市场中与数据产业者自由进行个人信息交易，获取正当利益，以便企业进行数据的开发利用，同时信息主体对其个人信息享有的排他性权能可以排除公权力的非法干预及对抗第三人非法侵害个人信息的行为，有利于确保信息主体拥有更多的控制权。需要指出的是，信息主体将个人信息的财产性利益授权他人使用时，其个人信息中的人格利益仍然保留，此时的财产权益作为次生利益不可对抗原生个人信息中的人格属性。

二是针对数据人的权益，数据产业者对在其从事的业务及提供的资料中所生成的资料，应该拥有财产权。数据产业者在搜集、储存、分析及处理个人资料方面，耗费大量资金、设备、劳力及技术。对这些生产要素的投资收益进行保障也是符合经济学观点的，对数据产业者在其运营过程中的数据权益进行界定，其对在正当的数据行为中所生成的数据集合、数据库、数据平台等享有控制、使用、收益和处分的权利。其中，控制表现为权利人对其享有的数据资产可以进行支配并排除他人干涉，比如通过加密技术限制他人获取。使用主要表现为权利人对数据加以利用，以满足其生产或生活需要，但对其使用不得超过数据收集时明示的数据收集范围和使用方式，否则将会造成侵权。收益是指权利人利用数据获取经济利益，比如可在市场中进行数据交易从而获取直接的经济利益，也可对数据进行分析加工，并做出针对性的商业战略决策。处分是指权利人有权通过法律行为对数据进行处分，比如对数据进行转让、加工、损毁、删除等[1]。

（二）个人信息财产权的实现机制

个人信息财产权包括使用、收益和处分，而数据交易则是其实现的一种重要途径，这还需要结合现有市场机制来实现。因为个人信息财产权中的个人信息，并不等于所有的个人信息，在数字化治理中，只有能够以数据的形式存在的个人信息才能够形成信息财产权。因而，首先要把海量的数据加以汇总，形成完整的数据库，依托数据库来生成信息的财产价值，进而延伸到个人信

---

[1] 数据权利人对数据进行"转让"一般是在保留数据原件的基础上，授权他人收集一份完全一致的副本。实践中通常有三种交易模式，一是买断式交易，即权利人明示许可他人收集自身享有的数据，形成新的数据财产权；二是授权式访问，即权利人以提供账号密码等形式，许可他人访问数据；三是加密式交易，即权利人通过加密技术措施，对数据进行加密，权利人则可以获得相应的经济性利益，此种交易模式类似于有体物的"租赁"、知识产权的"许可使用"，不生成新的支配权。

息财产权。一个较为完整的数据交易流程,应当有主体、客体、中介,具体来讲就有信息数据主体—收集信息数据的人—信息数据产业者等基本步骤。一般所说的信息收集阶段,主要是有信息数据主体和收集信息数据的人参与,个人信息的财产价值主要表现为支配权。而到了信息流通阶段,就有收集信息数据的人、信息数据产业者,以及商家之间的参与,个人信息交易过程中的财产价值主要集中在这个阶段。所以,为了实现个人信息人格利益与财产权的双重目标,应当赋予相关主体以财产性权利。因此,有必要对个人信息进行分类,并根据不同的阶段对其进行分类保护。

首先,按照法律规定,当前对个人信息的收集和使用采取"知情同意"规则,由于在具体实践中经常面临沦为僵尸条款的尴尬局面,所以应更新细化"知情同意"的法律机制,在此基础上,提出类型化的保护规则,以期在个人信息保护和使用中实现利益博弈的平衡。在规范设计上,既然要进行类型化的保护,那就要进行必要的类型划分。通常,不同种类的个人信息在支配性和可利用限度上呈现不一样的状态,所以应根据不同类别的个人信息,依据其所包含人格要素的不同程度,确立差异化的知情同意规则。[①] 目前,在理论、立法与司法中,将个人信息划分为敏感个人信息和非敏感个人信息已达成共识。其中,敏感个人信息包括健康信息、基因信息等,具有高私密性、低公共性的特征,更加注重人格权益保障,故而应采取严格的保护路径;非敏感个人信息包括消费信息、通信信息、活动轨迹信息等,具有低私密性、高公共性的特征,更加注重财产权益保障。在涉及"信息主体—数据收集者"的数据交易中,主要表现为数据收集者向信息

---

① 姬蕾蕾:《大数据时代个人信息财产权保护研究》,《河南社会科学》2020年第11期,第21~30页。

主体收集个人信息，包括敏感个人信息和非敏感个人信息。一般认为，在这个阶段对个人信息权益的侵害较小，所以倾向于保障信息主体对个人信息的控制权，尽可能限制向下游的数据流通。[①]就敏感个人信息而言，必须保障信息主体的绝对控制权，须明确告知信息主体收集信息的目的，在征得信息主体的明确同意后才可以收集使用。如果数据收集者要流通该类数据，必须告知信息主体，并征得其明确同意后方可向下游流通。对于非敏感个人信息，为降低数据收集成本，促进数据流通，应当允许默示同意规则的存在，一旦信息主体表示明确反对，则要停止收集个人信息。如果数据收集者要流通该类数据，必须告知信息主体。

其次，鉴于数据的流通主要发生在"数据收集者—数据产业者—商家"之间的交互阶段，是个人信息商业化利用的重要阶段，同时也是个人信息权益极易受到侵害的阶段，有必要对信息财产权进行细化设计。客观来说，在信息收集阶段，信息主体对其个人信息具有较大的控制权，如果信息主体禁止他人收集其个人信息，那么从理论上讲就不存在个人信息的商业化利用。实践中，很多非敏感类个人信息都是在信息流通阶段形成，比如地理位置、消费偏好、定位跟踪信息等都需要通过大数据分析汇总，方能形成具有较大商业价值的数据集合或数据库。据此，市场应当将该类信息交易合法化，充分保障数据产业者的合法权益。不可否认的是，尽管单个的个人信息价值低微，确权与分配成本极高，甚至可能会超过其组成的大数据的价值，但也不能否认个人的信息财产权，应予以严格保障。本研究认为，可在明确告知信息主体的基础上，给予相应的市场对价。关于市场定价问题，由于目前我国大数据交易正处于初级阶段，数据交易市场建设尚不

---

① 洪玮铭、姜战军：《数据信息、商品化与个人信息财产权保护》，《改革》2019年第3期，第149~158页。

成熟，再加上单个人信息价值微小，个人信息经常被低价或免费交易，对此，可借鉴证券交易制度，建立大数据交易场所，通过做市商制度、竞价交易制度、经纪人制度的建设，解决个人信息估价难题，确保信息交易安全。①

三　个人信息隐私权益的保护——以基本权利理论为视角

随着数字技术的飞速发展，数字化治理中个人信息数据得到了高度重视，并且在促进治理成效方面发挥了重要作用，这也使保护个人信息安全越发重要。2000年《欧盟基本权利宪章》第一次对"个人数据保护权"的基本地位从法律角度予以明确，从而使隐私保护的概念理解进一步扩展。在数字化治理背景下，对隐私权利在个人信息中的功能定位进行重新审视，是实现公民与国家权力平衡的基础。

（一）隐私权功能的重新定位

隐私权虽非我国宪法明文列举的一项基本权利，但是为了保护人性尊严与个人人格发展的完整性，我国理论界普遍认为隐私权应当位列宪法基本权利谱系②。在现代社会，政府履行大量公共管理职能，承担公共管理工作的同时，也意味着其权力得到了拓展，信息监控成为政府权力行使的重要手段。在数字化治理过程中，个人不得不交出隐私以换取社会生活的有序运转，大数据监控的兴起推动了隐私权价值的凸显，人们对隐私的期待从个人生活的隐匿，走向了在公开领域的拓展，寻求在公共生活中也应当能够对自己的个人隐私加以控制，隐私权的重要性逐步显现。也就是说，在数字化治理中，要维持多元化的价值系统与权利

---

① 邢会强：《大数据交易背景下个人信息财产权的分配与实现机制》，《法学评论》2019年第6期，第98~110页。
② 朱应平：《作为默示性宪法权利的隐私权》，《贵州民族学院学报（哲学社会科学版）》2007年第4期，第34~37页。

（权力）之间的矛盾，必须充分考虑到个人的自主性与社会的公共性，才能保证个人在公共事务中进退自如。

1. 抵御权力滥用功能

隐私权抵御权力滥用功能旨在保护个人生活的自主性，对抗大数据监控下被压制的个人信息领域，使其免受政府和私人主体的不当干预。美国学者汉娜·阿伦特强调，私人生活空间和公共生活空间始终是两个截然有别、独立存在的实体。[1] 然而，在数字化治理的背景之下，私人领域范围不断限缩，始终处于被公共领域压制的状态，隐私权成为捍卫私人领域的最恰当防线。[2]

从历史沿革来看，国家在对待个人隐私问题上经历了几番波折，其核心内容无非是如何界定国家与个人的边界，以及如何对其进行保护。一般认为，社会本位应在社会生活中占据主导地位，法律的目的也是最大限度满足社会需求，但在个案处理中往往会审慎考虑公众的呼声。[3] 个人信息隐私权益的权利冲突折射了个人、政府与市场之间的张力，在讨论个人信息的保护时，经常提到的说法就是如果个人信息的使用有利于公共利益的实现，那么对个人信息的保护就必须做出让步。换言之，个人信息的保护不仅要从隐私权的角度来讨论，更要从整个社会的经济利益出发，因为过于宽松或严格的个人信息保护措施，可能带来的负面影响往往高于预期效果。

法律规则的基本理念是通过对各主体之间的利益进行权衡，对各种危险进行适当的配置，在具体的运作过程中，主要体现在对权利的限制与授权、以权利约束权力，以及通过权利的均衡来

---

[1] 〔美〕汉娜·阿伦特：《人的境况》，王寅丽译，上海人民出版社，2009。
[2] 李延舜：《论宪法隐私权的类型及功能》，《烟台大学学报（哲学社会科学版）》2017年第6期，第29~42页。
[3] Matthew N. Kleiman, The Right to Financial Privacy versus Computerized Law Enforcement: A New Fight in an Old Battle, Northwestern University Law Review, Summer 1992, p.250.

处理各种利益冲突。以美国的《隐私权法》为例,为平衡公共利益与个人隐私权之间的矛盾,该法对行政机关的个人信息采集、使用、披露等行为做出了相应的限制性规定。学者葛洪义认为,权利本位不否认公共权力的存在,其否定的是权力"任性",因而,与权利本位相呼应的必然是权力制约。[1] 也就是说,公权力应当促进法定权利的落实,而不是限制其行使权利,基于社会公益目的所做出的个人信息利用行为必须在法律程序的控制之下,以防止权力滥用。目前,在我国的法律体系中,关于隐私的法律保障大多是以民事权益的角度进行的,这与我国《民法典》中关于隐私的研究起步较早,缺乏对公共权力进行制约的法律观念等有关。事实上,仅仅依靠民法、行政法、刑法等对个人信息隐私权益进行保护并不足以对抗公权力的干预,必须从宪法权利的角度予以确立,才能构建完整的隐私权保护体系。

2. 规范权力行使功能

数字化时代,隐私权的规范权力运行功能主要通过个人积极参与社会治理和政治活动来实现。1995年欧盟《个人数据保护指令》的发布,成为其隐私和人权规范法律的一部分,并将数据保护这个问题提到了一定的高度。同时,面对各国不同程度的数据保护困境,这个指令也启发了世界不同国家探索用程序控制来实现数据保护的目标。第一个方面是运用程序控制手段为权力行使提供渠道;个人信息保护作为权力规范透明行使的一项工具,其实质是实用主义,赋予权力机构收集和利用个人信息以实现其功能。可以说,个人信息保护制度为个人在公共领域生活中的权利和权力提供了一条和谐的通道。纵观世界各国的个人信息保护立法,其主要功能在于规范权力的透明运作,为权力的行使提供法

---

[1] 葛洪义:《探索与对话:法理学导论》,山东人民出版社,2000,第205~212页。

律基础，提高权力行使的透明度，促进有效的公众问责，而非保护个人隐私免受权力干涉的防卫功能。

在实践中，个人数据保护主要是一系列相关的程序控制，保障个人数据从收集到使用等过程中的安全，避免一定情况下的权利滥用，就是要用这种规制手段，在一定程度上制约有关机构在个人信息方面的探知冲动，如果出现较为严重的行为，还要对其进行惩处。1980年OECD在《隐私保护与个人数据信息国际流通的指针建议》中提出了8条数据保护原则。就隐私权而言，它并不是一种绝对的权利，在对个人信息的使用上，需要遵守法律保留原则、目的正当原则和比例原则，即"根据法律"和"为了社会公众的利益"这两个限制性条件。

目前，从世界范围内来看，个人信息保护是存在着一些基本原则的，并且得到了较多国家的认可，在通过立法来加强个人信息保护方面，也呈现全周期的关照现象。这一系列的现象能够体现出当前对于个人信息的保护，有一些侧重在程序性上。在我国法律制度与文化背景下，对公民隐私权利的干预需要有明确的法律依据，然而，在当前易于使用且较为依赖的程序性保护之下，可能会出现重程序而忽略实质的情况，这样就会对个人信息保护产生不利影响。

在推进数字化治理中，面对日益增强的政府监管能力，我们必须充分发挥隐私权的功能作用，不仅要重视和保障隐私权，更要对权利的行使做好规范，使其更加有序地发挥应有的功能。不仅要对权利滥用的情况加以警惕，也应当从规范权利行使的角度，通过一定的程序设计、规制手段，让个人信息的流通更加安全，提升数字化治理的成效。

（二）隐私权与公共利益的权衡

一直以来，隐私权和公共利益的价值选择问题引发了学术界和实务界的深入探讨，在大数据时代，两者之间的价值分歧更为凸显。根据我国《宪法》第五十一条之规定，出于公共利益目的，公民的基本权利可以被限制。结合条文的内容，我们就需要解决一个问题——如何来理解公共利益。公共利益作为反映多数人共同利益的一个较为综合的概念，其具体内涵会随着政府职能、任务、目标的变化而变化，从而赋予公共权力以更大的自由裁量空间。因此，要在隐私和公众利益之间实现平衡，就必须通过隐私风险评价来实现，具体如图5-2所示。这是解决价值冲突的路径尝试，这既有助于保障隐私干预措施的有效性和必要性，也有助于强化对政府行为的监管与控制，对于政府行政机关的自由裁量权起到必要的约束和限制。

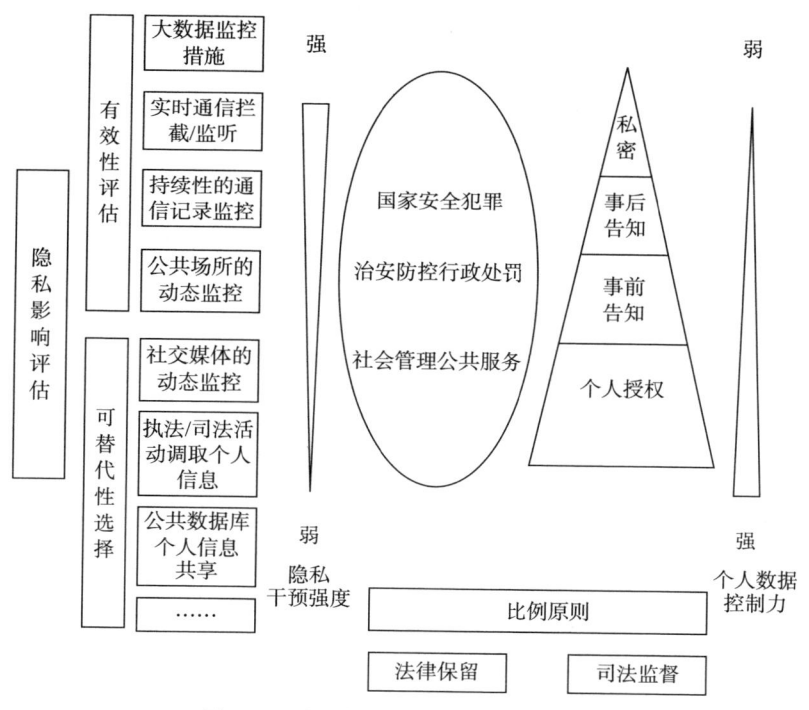

图 5-2 隐私权与公共利益的权衡结构

第五章 数字化治理中个人信息保护的可行路径

首先,要对数字化治理中个人信息利用对个人隐私和自由带来的风险和威胁进行评估,通过评估实现有关隐私权受限或受干预程度的判定。对于以风险评估作为切入,并不是个例,近年来世界上很多国家相继出台的相关立法中,都有提到风险评价,并且已经有了用风险评价原则来衡量信息保护的理念,应当说在立法中引入风险评估在一定程度上能够起到更好地保护个人信息的作用。

其次,要坚持遵循比例原则以确定对个人信息利用的有效性和合理性。比例原则是各国联邦宪法为解决无法律保留的基本权利的限制问题而提出的理论,其本质是对发生冲突的基本权利进行利益衡平、进行实践调和的重要原则。[①] 一般而言,公权力对隐私权的介入程度愈高,则资讯使用者对其资讯的掌控力愈低。对于政府在社会治理活动中进行的个人信息利用行为,应遵循"目的限制原则""透明度原则",同时应赋予信息主体一定的控制权,包括了解政府收集个人信息的内容、目的和利用方式,拒绝自动化数据处理等。如果公权力对于隐私权的干预无助于所追求目标的实现,则可以认定该行为违反比例原则。对于比例原则的适用,可以在立法中通过程序性的制度设计,监督权力的使用,对相关机构或个人起到程序规制的作用,从而把权力关进制度的笼子里。

最后,可探索引入司法监督机制以加强对权力的监督制约。当前西方国家法律体系中的关于权力制衡的理念,对于我国政府干预私人生活领域的正当性,具有一定的借鉴意义。从西方国家的司法实践来看,凡是行政权力膨胀、过度地介入个人隐私权的国家和政府,实施这一项行为活动较为突出的就是司法部门,更

---

① 赵宏:《限制的限制:德国基本权利限制模式的内在机理》,《法学家》2011年第2期,第152~166页。

加具体的形式就是司法审查，同时也有部分国家用立法的方式，规定了具体实施过程中的一些规范，如干预隐私权要有依据，需要获得法官的搜查令等。一方面，司法审查进行利益衡平的逻辑是，由法院分析公共利益的重要性以及特定措施在保护公共利益方面的有效性，以此判定政府行为是否过度侵犯隐私权。另一方面，虽然法官并不一定具备行政机关的专业技能，但社会公共利益或国家安全方面的专门知识并非平衡安全与隐私的必要条件，加之行政机关本身就有责任行使社会治理职能，其角色定位会影响在决定干预个人信息活动时的中立性和超然性，从而导致隐私权的程序性保护的法律规定在科层式的行政审批中落空①，而司法机关可以要求政府提供令人信服的理由以证明其侵入个人隐私活动对于维护社会公共利益的有效性，以充分发挥权力制衡功能。值得注意的是，在《个人信息保护法》颁布实施后，为保护公共利益，部分地区检察院尝试探索开展"公民个人信息保护行政公益诉讼"专项活动，着重针对政府信息公开平台，筛查可能存在的侵犯个人信息安全的情况。例如，环江县人民检察院针对职能部门在政务信息公开栏目中发布的关于未去标识化处理的个人信息情况，制发诉前检察建议，依法督促行政机关履职整改。桐庐县人民检察院在开展个人信息保护专项监督行动中，发现县财政局在县政府信息公开平台上公示的残疾人困难生活补贴信息，含有未去标识化处理的残疾人身份证号、银行卡号等个人信息1.2万余条，对此，专门提起行政公益诉讼，督促乡镇机关规范政府信息公开工作，切实维护公民个人信息权益。

---

① 张衢：《大数据监控社会中的隐私权保护研究》，《图书与情报》2018年第1期，第72~80页。

第三节　预先防范：个人信息保护中的风险评估与应对策略

风险防范作为一种决策工具，旨在对未来的不确定性事件进行预测，并将其控制在可控范围内。风险预防的实施主要依赖于防范者对风险的预防与管理所作的成本收益分析。就像美国哈佛法学院教授凯斯·桑斯坦所说的那样，一种风险是否严重，主要取决于排除这种风险所需要的代价。如果防范成本很大，那么即使风险是巨大的，也可能对其不加以防范。① 在个人信息保护中建立风险防范机制，有利于将其纳入信息控制者的自我风险评估和风险管理框架之中，从而提高个人信息保护意识。

一　个人信息保护安全综合分析

在数字化治理的背景下，个人信息安全存在的风险应当是复杂多样的，必须运用系统思维加以理解和认识，要把个人信息安全风险放到作为信息数据的全过程中去研究，只有这样，才能更好地进行有针对性的工作。下文将从几个维度出发，对数字治理背景下的个人信息安全风险进行综合分析。

（一）在个人信息收集阶段的安全风险

一是信息不透明。在数字化治理时代，大部分的个人信息采集技术都有着专业性、隐蔽性的特点，关键的技术操作往往掌握在管理信息的少数人手中，而作为信息被收集者的个人往往是被动的，并且经常是并不知晓自己信息被收集的目的。此外，在数字化治理环境中，还存在着超越商业目的，越权收集用户个人信

---

① 程岩：《规制国家的法理学构建：评桑斯坦的〈权利革命之后：重塑规制国〉》，《清华法学》2010年第2期，第145~159页。

息的现象，这种行为侵犯了用户的隐私权。二是信息收集超出范围。数字化治理的兴起使数据信息的价值获得了前所未有的提高，并在一定程度上成为一种战略性资源，同时，对于数字化治理来说，掌握更多的信息和数据，一定程度上就更有利于开展治理和提升治理成效。在此背景下，各业务部门既搜集了商业必需的信息，又搜集了与商业无关的信息。而且有了数字治理存储技术的支持，数据可以进行多次备份和长时间的存储。但是目前仍存在大量超出范围收集到的个人信息被滥用的问题。三是信息的违法收集。在数字化治理背景下，个人信息具有很大的商业价值，因此，许多不法分子不惜一切代价，以各种方式获取个人信息，例如盗取银行账户、电话号码、社交账号、电子邮件地址等。而数字化治理技术的应用，"新基建"的普及和建设，也伴随着一些地方数据基础设施遭受破坏，从破坏的设施中窃取信息，给数据安全带来了隐患。同时由于数据本身的虚拟性和专业性，对于数据管理者来说，如果不具备一定的专业技术能力，也很难防范网络黑客的恶意攻击，从而增加了数据丢失、泄露的风险。

（二）在信息数据传输中的安全风险

大数据时代为我们推进数字化治理带来便利的同时，也存在大量的数据存储和传输中的潜在风险。众所周知，庞大的数据需要存储在以节点组成的分布式系统中，其存在的大量数据在储存与使用中必须通过互联网来传递，这使其在传递中极易遭受攻击，从而导致信息泄露。一是易被伪造的大数据。通过窃听等手段，黑客可以拦截发送到网络中的私人信息，并对其进行篡改。二是在网络环境下，海量数据在网络环境下传播的安全隐患。通过抓包和嗅探等黑客手段，可以在传送时取得私人资料，若资料以纯文本方式传送，则会轻易地被攻击者获知其特定的资料，导致个人资讯泄露。三是基建项目存在的安全隐患。在大数据传输过程中，云计算为用户的隐私数据传输与融合提供了存储位置、传输通道与网络空间，而云平台的安全性成为影响大数据传输安全性的首要问题。四是在整个过程中信息的安全性。在数字治理的环境下，现行的隐私保护法律法规中，特别是针对大数据时代数据安全问题的规定还有待完善，个人信息在传递的时候极易失控，不仅会导致大量的个人信息泄露，还会在人工智能、算法工具的加持下，通过数据分析获取到更多的隐藏信息，造成个人信息的深度泄露。

（三）在数据分析阶段的安全风险

在数字化治理时代，个人信息以数据的形式收集之后，最大的价值体现就在于对数据的分析上。当今时代个人信息数据之所以有很高的价值，就在于通过一系列算法工具分析，能够为政府治理，乃至国家治理提供一系列重要的决策参考。但也正因为如此，除了正规需要的信息收集者外，一些不法分子掌握了一定的分析工具后，通过窃取的数据开展一些违法活动。同时，由于对数据的分析实实在在能够获取到一些原有数据之外的新数据，而这些数据本不需要或者未经信息主体的知情同意，这就会对相关人的隐私信息造成侵害。同时，科学技术是一把双刃剑的判断在大数据时代同样适用，虽然通过算法工具的确能够分析出很多数据背后的东西，但作为机器预测分析，必然存在着误差和不确定性，更由于在机器运行计算过程中有可能缺少一定的监管，如设备故障或出错，可能会产生一些错误信息，不仅是对原信息主体隐私的伤害，更可能在分析生成后的传播中对信息主体造成更大的伤害。

（四）在数据共享中的安全风险

数字化治理的一个典型特征就是共享治理。前文提到了数据资源的重要作用和战略价值,近几年来,我国也一直朝着"共享发展"的方向不断探索和前进。随着治理工作的深入以及各方面分析研判的需要,信息化、大数据等数字技术应用场景进一步扩大,这为我们带来发展机遇的同时,也带来了一些新的安全风险,这也就对我们已有的数据存储、传输等提出了更高的要求。如今的信息数据流动,不仅仅是点对点的传输,由于不同地方、不同部门的工作需要,数据共享平台纷纷出现,这时的数据就不仅仅是"奔波"于原有平台的数据区、服务区、终端区,更会在平台与平台之间传输,并且在获取了相关权限之后,平台间的数据共享流通更加体现为大规模、大分散、无序性等特点,进一步增加了数据安全风险。同时,由于这种跨部门、跨组织的数据共享平台错综交织,数据的交换与共享十分活跃,这就会造成在权责判定上的困难,存在权利监管空白,容易给个别组织、个人以可乘之机,一旦出现数据危机,很难第一时间锁定源头。

(五)在数据清理阶段的安全风险

数字化治理中,数据是一个只增不减的要素,因此从数据的全流程管理上看,定期进行数据清理,对无用或过期数据进行销毁就显得十分必要,这不仅能够缓解数据存储压力,更能够避免因大量数据保存不利造成的安全风险。对数据的销毁删除,一般来说是不可逆的过程,一旦销毁就不能恢复,但是在实际工作中,对数据的清理往往重视程度不够,没有较为完整的工作流程,也存在监管不力甚至监管空白的情况。一些组织或个人在数据清理工作中,有时会出现销毁不完全或者假销毁真备份等情况,增加了个人信息数据泄露的风险。同时,由于数据的价值和共享治理的广泛开展,基于平台的安全性考虑,往往会自动进行数据的备份,以减少或避免因突发情况、不可抗力等造成的设备毁坏、数据丢失等问题,而这种积极的、安全的功能在数据清理阶段可能会产生一些隐患，如果对平台运行、数据管理了解不清楚或者专业技术薄弱，就可能对数据清理不完整，存在删除不彻底导致数据泄露的风险。

（六）在法律制度方面的安全风险

随着《个人信息保护法》的颁布，近年来我国对于个人信息保护在立法上已经取得了较为明显的成效。但是和快速发展的科学技术相比，特别是大数据时代的到来，新鲜事物的层出不穷，也让我们看到了用立法的方式来加强个人信息保护上的滞后性。当前对于个人信息保护的立法，体系化程度还不够高，已有的几部法律法规之间的互动性还不够强，有关个人信息和个人信息安全保护的规定分布较为分散，具体操作起来有时会和当下的现实状况不相适应。例如在具体实践当中，如果出现个人信息受到侵害，或者出现明显的个人信息安全问题，对于其本人而言，较高的维权成本时常会让受害者打退堂鼓，抑或是相关法律法规普及不够，对法律政策了解不够，从而主动或被动放弃运用"法律武器"。同时，由于当前维权中的举证机制，大数据时代的先进科学技术和互联网的虚拟隐蔽，都让想要维权、搜集证据的人不得不面对难以锁定证据的现实困难。另外，我国目前的几部相关法律法规，在侵权处罚方面还不够完善，总体行政处罚过轻，这与个人信息泄露、数据买卖背后的巨大利益诱惑相比，违法成本过低，难以达到预防、打击犯罪的目的。

二　个人信息保护的评估和管理

当前，"个人信息安全影响评估"作为个人信息风险防范手段在多个国家的法律政策中被引入。如欧盟2017年制定的《数据保护影响评估（DPIA）指南》中将"数据保护影响评估"定义为：描述数据处理过程，评估数据处理的必要性和比例性，协助管理个人数据处理对自然人的权利和自由带来的风险,并决定处理措施的办法。我国《信息技术个人信息安全规范》将其定义为:针对个人信息处理活动,检验其合法合规程度,判断其对个人信息主体合法权益造成损害的各种风险,以及评估用于保护个人信息主体的各项措施有效性的过程。总结上述概念界定可知,个人信息安全影响评价作为一种风险控制手段,既可以帮助数据控制者遵守相关法律规定,又可以证明其已经采取了相应的措施。欧盟提出以风险防范为基础的数据保护理念,旨在解决大数据环境下个人数据处理面临的困境。一般而言,风险防范主要包括两个步骤,风险评估和风险管理(见图5-3)。其中风险评估的重点是衡量风险水平,风险管理的重点是决定是否承担该风险。

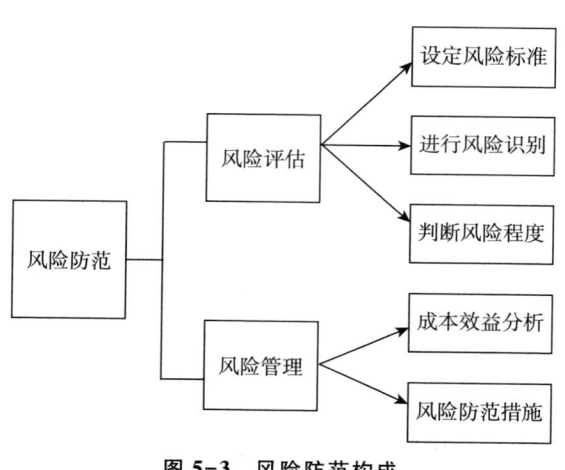

图 5-3 风险防范构成

个人信息安全风险评估是指对个人信息在采集、存储、处理、传输过程中的保密性、完整性和可用性、被损害的可能性及其后果等方面的一种评价或预测,目标是判断对个人信息的处理行为是否足以被视为风险。仅当某一事件被认为是一项风险时,该风险的严重程度和可能程度才与风险评估的目标相一致,主要针对的是系统、企业、政府部门等对个人信息的采集利用行为,损害后果既可以定性度量也可以定量度量，主要取决于风险评估方法，而确定风险评估标准是进行风险评估的基础。鉴于大数据环境下的个人信息处理行为，包括系统的实时监控、大数据的画像、捕捉敏感数据并深入分析，个人信息的日常处理等，都可能引发个人信息安全风险，所以风险评估的实施没有统一标准，同时，立法者也倾向于认定数据处理行为是一种高风险的行为，其中涉及基本权利和自由等法益。

总之，风险是由不确定因素引起的，常常难以预测，但可以通过对风险成因进行分解，从而评估风险大小。在个人信息安全风险评估过程中，往往需要考虑两个关键因素：威胁和脆弱性。其中，威胁主要表现为对信息系统进行的攻击，包括未经授权的泄露、破坏、删除等，具体威胁来源如表 5-1 所示；脆弱性评估的目的在于确定存储个人信息系统的安全漏洞，并对脆弱性的严重程度进行评估，主要包括物理环境、组织、人员、管理、配置等各种资产的脆弱性，具体如表 5-2 所示。

表 5-1　个人信息安全威胁来源

威胁来源		威胁来源描述
环境因素	自然环境	洪灾、火灾、地震等环境条件和自然灾害
	物理环境	意外事故或软件、硬件、数据、通信线路等方面的故障
	人文环境	工作人员态度松懈
人为因素	无恶意内部人员	内部人员缺乏责任心，没有遵循规章制度或操作流程失误导致信息系统出现故障或被攻击
	有恶意内部人员	有预谋的内部人员对信息系统进行恶意破坏，或勾结外部人员盗窃机密信息，以获取利益
	第三方	包括电信、移动、证券、税务等业务合作伙伴及软件开发合作伙伴等有恶意或无恶意的行为
	外部人员	外部人员利用信息系统的脆弱性，对其进行破坏、盗窃信息，以获取利益

表 5-2 个人信息安全脆弱性评估

脆弱性分类	名称	主要内容
技术脆弱性	物理安全	物理设备的访问控制、电力供应等
	网络安全	基础网络架构、网络传输加密、访问控制、设备安全漏洞等
	系统安全	系统软件安全漏洞、系统软件配置安全等
	应用安全	应用软件安全漏洞、软件安全功能、数据防护等
物理脆弱性	安全管理	安全策略、资产分类与控制、人员安全、物理和环境安全、通信与操作管理、访问控制、系统开发与维护

个人信息安全风险管理是一个过程，它使管理者能够对操作风险和增加防护措施的投入进行权衡，从而在保障整个信息利用的前提下获得最大收益，也就是说，个人信息安全风险管理就是管理者对安全投入与产出之间的平衡不断进行调节的过程。从理论上来讲，个人信息安全风险管理最终需要归结到每一个参与者，具体可划分为：信息拥有者、信息保管者和信息用户，分别担负不同的责任，发挥不同的作用。其中，信息拥有者是指创建信息的企业部门或办公室的管理者，负责识别信息等级，定义或实施相关的保护措施以确保信息资源的安全属性，监管安全控制措施发挥作用，为需要使用信息的人员授予相应的访问权限；信息保管者指由信息拥有者授权、负责信息保护的人员，主要通过建立安全防护措施来确保信息的安全；信息用户指由信息拥有者授权允许使用信息的人员。

从关于个人信息安全风险防范的立法实践来看，风险防范主要依靠数据控制者予以实施，比如 GDPR 建议，数据管理人员应符合第 40 条中所列之行动准则，符合验证要求，取得资料保护章及标记，并符合公司的相关守则，以减少危险。我国《信息安全技术—个人信息安全规范》要求个人信息控制者应建立个人信息安全影响评估制度，针对个人信息处理活动进行合法合规评估。在隐私保护中引进安全预防机制，源于大数据、人工智能等隐私处理技术的快速发展。在传统的权利保护模式下，立法者往往用制定一般性原则来应对个人信息安全面临的风险，比如目的限定原则、知情同意原则等；在风险防范模式下，对个人信息安全风险评估主要是基于具体的场景来确定风险管理的标准和措施。但不可否认的是，风险防范机制也存在一定的缺陷。比如，它将会导致监管机构放松管制，因为风险防范默认的前提是个人信息采集的合法性，并由个人信息控制者自行确定适用个人信息收集利用的保护措施，这相当于授予个人信息控制者自由处理权限。[1] 在这种情况下，风险防范隐含着允许在提供更少保护的情况下尽可能多地收集和使用数据。与事前登记、备案或审批等监管要求相比，风险防范是一种放松监管手段，从关注个人信息采集时的知情同意向对不当使用或侵权行为追究责任转变。此外，这也会造成在个人资料保护上的不平等。从理论上讲，在权利保护模式下，无论使用个人信息所引起的风险有多大，均应采取平等保护原则，而风险防范路径对于个人信息的保护则是取决于所涉风险的预测以及危害与利益的计算。

三 个人信息保护的风险防范路径

对个人信息保护而言，场景化风险预防方法可以评估个人信息的使用情况，并确定适当的保护措施。但根据前文所述，风险防范机制在为个人信息提供个性化保护的同时，也赋予了控制者大量的自由裁量权，由其自主决定是否要承担风险以及采取何种

---

[1] Orla Lynskey, *The Foundations of EU Data Protection Law*, Oxford University Press, 2015.

保障措施。① 将风险防范机制引入个人信息保护，意味着需要考虑监管机构在风险评估和管理等重要过程中所扮演的角色以及发挥的作用，并且要从包括程序在内的方方面面强化它。

一是要构建个人信息安全风险防范的民主参与机制。大数据应用带来的风险，看似涉及诸多技术难题，却需要多个主体共同参与。一般来说，参与人主要包括国家信息安全主管部门、业务主管部门、信息系统所有者、信息系统承建者、信息系统安全服务机构以及信息系统的关联者，各角色在风险防范中的责任主要如表5-3所示。

表5-3 个人信息安全风险防范中的角色定位

角色定位	主要责任
国家信息安全主管部门	制定个人信息安全风险防范的政策、法规和标准，督促、检查和指导各单位的风险管理工作
业务主管部门	1. 组织制定并批准本单位的信息安全风险防范策略，领导和组织本单位的信息系统安全评估工作； 2. 基于本部门内部的风险评估结果，判断个人信息安全风险是否可接受，并提出相应的防范对策； 3. 检查信息使用过程中的安全状态报告，定期或不定期开展新的风险评估工作
信息系统所有者	制定风险管理策略和安全计划，配合检查评估或委托评估工作，并提出必要的改善信息安全措施
信息系统承建者	根据风险分析结果修正建设方案，使方案成本合理且积极有效，有效控制风险
信息系统安全服务机构	1. 提供独立的风险评估，并在评估后提出调整建议，以减少或根除个人信息存储系统或相关数据库的脆弱性，有效对抗安全威胁； 2. 处理风险评估中的个人敏感信息，防止被无关人员或单位获取； 3. 协助制定风险管理策略和安全计划，同时根据信息拥有者的需求，对风险进行处理

---

① Paul De Hert Vagelis Papakonstantinou. The Proposed Data Protection Regulation Replacing Directive 95/46/EC A Sound System for the Protection of Individuals, Computer Law & Security Review, VOl. 28, 2012, pp. 130-141.

续表

角色定位	主要责任
与信息安全相关的其他机构或个人	遵守安全策略、法规、合同等涉及个人信息交互行为的安全要求，减少信息安全风险； 协助信息安全风险防范工作，确定安全边界，在风险评估中提供必要的资源

此外，还应当重视社会公众参与的重要性，风险规制理论以及由此付诸的实践中均强调，在特定情境下，必须紧密结合风险分析与公众对决策的影响，即引入与公众的风险沟通和公众参与机制，有利于公众了解风险并采取相应的行为对策，从而构建公众信任。在风险防范实践中，针对不同国家的监管文化，提出了不同的公众参与防范措施。从互联网作为一种沟通与交流工具的角度出发，在讨论互联网、大数据应用所带来的风险时，对其作为一种公共参与性交流工具的关注较少，因此，个人信息控制人在个人信息处理上的不透明行为，引起社会恐慌，妨碍公众对个人信息处理的理解与支持。针对这一问题，有观点认为，除对有潜在危害的个人信息处理活动进行影响评价外，用户自身也可采取有组织的防范措施，如"集体隐私"概念的提出，旨在让人们寻找自组织方式，进而采取集体行动来维护自身权益，其合理性在于，互联网用户作为数据主体与公民，最大限度地从多个角度识别个人信息处理风险，最大限度地减少风险的影响。

二是提高监管者的监管能力。目前，我国对个人信息处理风险的评估与管理还存在不确定性，大数据的实际控制者和管理者有时表现出对于所掌握数据的过分占有欲，其不会过于明显地表现出对个人信息的意图，这就难以更加透明地审视个人信息数据的流通环节，对于风险评估以及日常管理造成了一定困扰，以致产生了一些隐患。这就必须强调数据的监管，要有强有力的监管部门和监管者。要加强对监管人员的培训和训练，培育能够掌握人工智能算法、大数据应用能力的专业人才,要在可管可控的前提下,赋予监管者更大的权限,要在大数据平台和互联网中发挥自身的监管能力,防范个人信息的滥用,以更好地保护个人利益和公众利益。目前,我国在个人信息保护方面相对而言还有一些不完善的地方,较难有效应对大数据环境下的自动化决策,也无法有效应对来自非直接数据源的海量数据分析与重用的风险,尤其是在政府数据库间频繁的共享操作,以及信息的不透明性,使信息主体根本无法知道其个人信息被谁收集、被谁利用以及怎样被利用。因此,在大数据环境下,将个人信息安全问题交由数据控制者来解决,而信息主体通过自我保护来弱化监管部门的责任,是无法完全处理个人信息保护所面临的风险的。针对这一问题,要借鉴现有风险防范经验,强化监管部门责任,建立独立专家评价机制,要对涉及信息收集、管理的相关企业或政府部门开展深入分析,掌握一定的核心技术手段,真正起到监管的作用。可以聘请专家对大数据算法进行审核,以验证算法的功能;同时,通过建立合适的标准和监管机制,提高大数据算法的透明度。

三是积极推进新体制的实施。随着数字化治理的持续深入,来自多方面的个人信息安全风险层出不穷,想要在数字化浪潮中把握机遇、一往无前,就必须持续重视个人信息保护领域,稳步推进和更新相关体制机制,提升个人风险防范能力。近年来,我国持续深化体制改革,从顶层设计入手,对个人信息安全风险的理解和认识不断加深,对于抓好大数据时代的安全工作,推进数字中国建设,做出了巨大努力。首先,要从基本的法律制度层面持续推新,让数字化治理下的个人信息保护工作有法可依,并且能够提供违法必究的信心和依据,保障每个信息主体的合法权益。过去的几年中,数字化治理紧抓大数据时代浪潮,在提升治理成效方面变化显著,但同时也带来了个人信息安全方面的诸多风险,对于社会的和谐发展有着一定的影响。2021年《个人信息保护法》实施,在个人信息保护、个人信息安全风险防范等方面提供了重要的法律支持,在保护公民合法权益上前进了重要一步。以此为契机,国家应当再进一步,从违法必究的考量入手,逐步明晰刑事立法,为个人信息安全风险防范和治理提供新的手段、新的屏障。要进一步推进刑事立法,结合近年来个人信息安全领域出现的新情况新问题,制定完善而有针对性的法律条文,设立一定的惩处等级和评估标准,严格适用法律,对于依规查明通过不法手段谋求私利、侵犯公民个人信息安全的行为必须依法处罚、警示他人。另外,面对个人信息数据的典型特征,要对个人信息安全方面的违法犯罪行为进一步识别,可以针对呈数据化形式的个人信息窃取、泄露的不同类别、发生频次以及所带来的社会影响或危害程度来进行具体的违法情节认定,有理有据、秉公执法,根据犯罪情节的轻重和犯罪人的具体实际进行不同的处罚,从而达到惩罚的目的。对此,还需要进一步在侵权认定方面持续发力,逐步完善现有的侵权责任证明规则,除了被侵权人的证据锁定,更要围绕过错推定、举证责任倒置等系列原则,要求侵权人自证其没有出现个人信息犯罪行为,或者其本人并没有窃取、泄露个人信息的行为;如果不能出具证明,或证据不完整、无效,则应当依据事实推定其有过错。与此同时,还需要不断出台相关配套法律法规,不仅要从体系化建设方面持续发力,还要提升法律法规的实际效果,坚持与时俱进,加强新体制的建立来防范风险和挑战。要坚持事前防范和事后保护机制,加强法律法规政策的宣传,不仅要让新体制建立起来,更要让新体制运行起来,要发动群众的力量来加强对个人信息保护权能的理解和认同,从源头上入手,尽可能将个人信息安全风险降下来,把一些实施个人信息安全犯罪行为控制在萌芽阶段,提升全社会的个人信息保护意识。其次,政府监管体系的落实。个人信息安全与政府部门的监管、协调是密不可分的。在数字化治理时代,有些公司或组织在收集个人信息、开展一些商业活动的时候,会出现范围边界的无序扩大,在信息主体不知情的情况下过度使用个人信息,甚至违法使用。这不仅会导致个人信息泄露的连锁反应,还可能因此造成个人和社会更大的损失。因此前文中已经提到要重视监管的力量,与注重监管者自身能力相比,从建立新体制的角度来看,还需要从监督体制机制方面着手,开展针对个人信息安全方面的专项监管。在组织机构方面,想要监管切实有力就必须有专门的监管机构,要明确监管的职责权力,开展组织内部的职责认定和调整,将个人信息安全监管权力进行统一,避免交叉监管、无序监管、监管空白的问题,要关注个人信息安全监管机构和一般监管机构的区别,有侧重地提升个人信息安全监管机构的技术水平和专业能力。必须要程序化监管,通过法律规范议定一套科学严格的监督程序,不仅要有监督,更要让监督受到"监督",确保监督有力有效的同时,保护好个人的信息安全。要从根本上杜绝侵犯个人信息安全行为,建立"违法黑名单"数据库,实行"一票否决"等制度。只有在法律法规与技术规范相结合、相辅相成的情况下,才有可能在大数据环境中实现对个人信息安全的有效保护。另外,还应当注重跨部门、跨领域的协作联动,应当运用更加科学、更加规范的控制方法,特别是发挥科学技术在个人信息安全方面的独特优势,共同营造良好的网络环境,为数字化治理凝聚力量,让科学技术成果惠及大众,让大数据时代的红利真正惠及人类。要把科技创新摆在更加重要的位置,发挥科技力量确保监管体系的落实,如果不能够掌握科技、使用科技,那么无论是怎样的监管程序和规范,都难以适应当下复杂的数据环境。要加大政府部门、科研院所、互联网公司的协作,在国家政策的支持下不断开展技术创新,特别是监管授权、数据自查、监管"再监管"手段等,不断加强对数据时代的理解和认识,充分发挥人的主动性、创造性,研制专业好用的先进监管软硬件设备，为个人信息安全、网络数据安全夯实科技基础，发挥科学技术的优势服务数字化治理，增强抵御网络攻击、信息安全风险的能力。

四是在信息化保护上持续发力。应对数字化治理中的个人信息问题，需要积极建构新的保护模式。传统的信息保护模式在数字化时代的今天，时常展现出一种无力感，特别是置身于数字化浪潮，进入到真实与虚拟交织的互联网领域，面对眼睛所看到的数据背后那些更广大的却又看不见的信息，会出现信息保护的失效；不仅如此，还会造成监管人力、物力的大量堆积和资源浪费。因而必须在信息化保护领域，依托数字化治理，启动新的信息保护模式，不断增强信息保护的动力和效果，促进信息化工作成效全面提升。其一是依托已有的信息保护模式，以及长期积累起来的相关经验和重要信息资源，先将当前的各方面信息有效利用和保护起来。一些地方在引入新型保护模式或技术工具时，会出现对已有平台、资源的"一刀切"，完全否定过去，这对于信息化保护工作，乃至数字化治理的长期发展都是不利的，必须认清新旧之间的继承和发展关系，增强信息保护工作的系统性、完整性，实现新旧保护模式的平稳过渡。其二是要重视技术工具的使用。与传统的保护模式相比，新的保护模式突出表现就是对科学技术的掌握程度更高，并且对于个人信息的保护和管理，始终是一个动态变化、不断向前的过程，传统依靠人力来开展的保护工作终究能力有限，也无法在纷繁复杂的网络环境中时刻保持高度的注意力，随时监测数据流程，及时发现信息风险。这就需要依托网络加密等科学技术，结合自身的实际场景和工作环境，定期优化系统运行，丰富和拓展各类数据信息应用模块，最大限度地保护个人信息环境不被攻破或者遭受破坏；预警风险隐患，做到胸有成竹，以技术工具助推信息保护工作的进步。其三是重视新的信息保护模式中的关键变量。无论技术多么先进，使用技术的人才是更加关键、更为活跃的因子。诚然，新的保护模式能够助推信息化保护工作向前发展，但是如果推广和实践这种模式的人，由于技术认知和管理水平等因素，无法充分发挥出技术的全部力量，也不能掌握新模式的全部功能，那么最终的结果也是难以应对数字化治理下复杂的个人信息保护工作。基于此，新的保护模式中必须包括的一项重要内容就是信息管理者或者从业人员的自我提升模式。要将学习培训和实际工作紧密结合起来，构建精准的个人信息安全管理模式，提高从业人员的专业水平和技术水平，积极探索有利于信息保护工作开展和个人专业素养提升的新技术、新模式、新规律，最终达到已有资源合理利用的同时实现新技术加持下的资源再配置，稳步提升信息保护工作成效，提高数字化治理水平。

总之，个人信息保护风险防范机制的构建尚处于探索阶段，其在实际操作中会发挥怎样的作用尚需拭目以待。此外，如何保证个人信息控制人能够恰当地评估信息主体权利所面临的风险仍然是一个不确定的问题。基于此，还需要相关监管机构搭建相应的风险评估和管理程序的框架，使个人信息安全的风险防范更加具有科学性和合理性。

第四节 技术赋能：个人信息保护的技术规制

早在21世纪初，国外学者就提出，仅仅依靠法律来应对隐私保护的挑战是不够的，必须辅之以其他政策工具，特别是技术政策工具，以弥补法律的不足。[1] 从技术层面来看，大数据对个人信息安全的冲击是技术发展所带来的，依靠技术和通过技术创

---

[1] Bennett Colin and Mulligan, Deirdre K., The Governance of Privacy Through Codes of Conduct: International Lessons for U.S. Privacy Policy. SSRN: https://ssrn.com/abstract=2230369, Jan. 21. 2019.

新来应对技术伴生问题,应该是有效应对方式。我国对于个人信息安全的保护,推荐性的技术标准也可成为监管部门判断网络运营者是否合规的标准。也就是说,通过隐私友好型的技术设置保护个人信息安全,成为数字化治理过程中个人信息保护的重要路径。

一 个人信息保护的技术规制概述

大数据时代,云计算的广泛应用使个人信息保护面临的重要问题之一在于技术保护层面。比如,当前较为重要和庞大的数据信息,往往会存储在云端服务器,而不是传统的物理服务器。从优越性上看,云平台的确相较物理服务器资源浪费少,使用效率高,安全系数也强。但是"上云"就意味着个人信息数据资源"走了出去",这必然存在着一定的风险隐患,特别是在数字化治理中,收集到的个人信息相对比较精细,也更加敏感,这些重要数据在进入云服务器之后的安全性如何保障,也是我们需要考量的一个重要问题。此外,由于政府部门等数据的管理者不具备"一手"技术的能力,往往会与云服务提供商(Cloud Service Provider,简称CSP)进行合作,采用政府购买服务等方式进行合作管理,那么就个人隐私而言,CSP自身是否会使用敏感的个人信息,以及在被移除后,CSP是否保留备份;当服务期限到了之后,如果原有的合作模式发生改变,那么原来存储的个人信息数据又将如何处理,处理是否安全,是否会对信息主体的权益造成损害,是否会出现云控制失败、个人生活受到干扰等问题,这些也都是一些现实存在的问题。正是由于用户对个人信息安全和隐私保护的担忧,CSP需要加强技术层面的监管,以满足广大用户对其产品安全可靠性的要求。一般来说,技术规制是包含了行为准则、技术标准、认证、信任标记等要素在内的一系列的标准。与立法相比,技术规制的适应性更强,对于新技术新应用的响应更快，更易为业内所接受。此外，技术标准通常由行业主导，参与主体广泛，因此更容易为产业界所接受。然而，以产业为主导的技术管制标准不能充分保护各利益相关者的权益，不利于消费者与个人信息的保护，不利于公共目的的实现。自欧盟个人信息保护立法将"设计数据保护"与"默认数据保护"作为一项强制性义务后，技术监管已从单纯的公司自律机制转变为公私合作监管的一种重要形式。

（一）新技术条件下攻击模型和保密技术模型设计

当前，无论是政府、企业还是个人，都越来越多地依赖互联网完成日常业务，而非法攻击计算机、网络以及存储在其中的信息，给个人信息保护带来极大的安全威胁。从技术角度出发，网络攻击呈现攻击技术和工具的自动化水平不断提高的发展趋势。具体表现为三个特点。（1）反侦测性。攻击手段隐蔽，需要更多的时间去分析、理解新的攻击工具。（2）行为的动态性。其攻击模式与行为可能是随机选择、预先定义的，也可能是攻击者直接控制的。（3）工具的成熟性。攻击工具的升级和更新速度加快，并表现出多种多样的形式。与之相对应，大数据时代的信息安全防护也不能再局限于传统安全的节点防御，云计算提供了更多、更快、更优质的服务，防护范围和难度的增大并不是简单的线性规律，保护措施需要从以前离散的点扩展到面，构筑信息安全"防火墙"，在个人信息生成的整个生命周期分区分级分层进行数据安全保护，建设完善的安全保密技术体系，包括防火墙技术、信息加密技术、数字签名、身份认证技术等核心技术内容。为了更深层次探讨对于个人信息保护的技术规制，本研究通过整合各种问题和方法，尝试建立攻防理论模型，包括网络攻击模型和安全保密技术模型。具体如图5-4、图5-5所示：

·第五章 数字化治理中个人信息保护的可行路径·

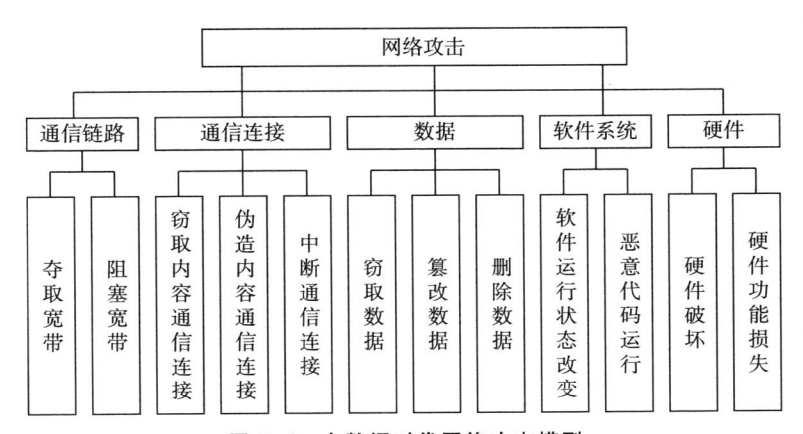

图 5-4 大数据时代网络攻击模型

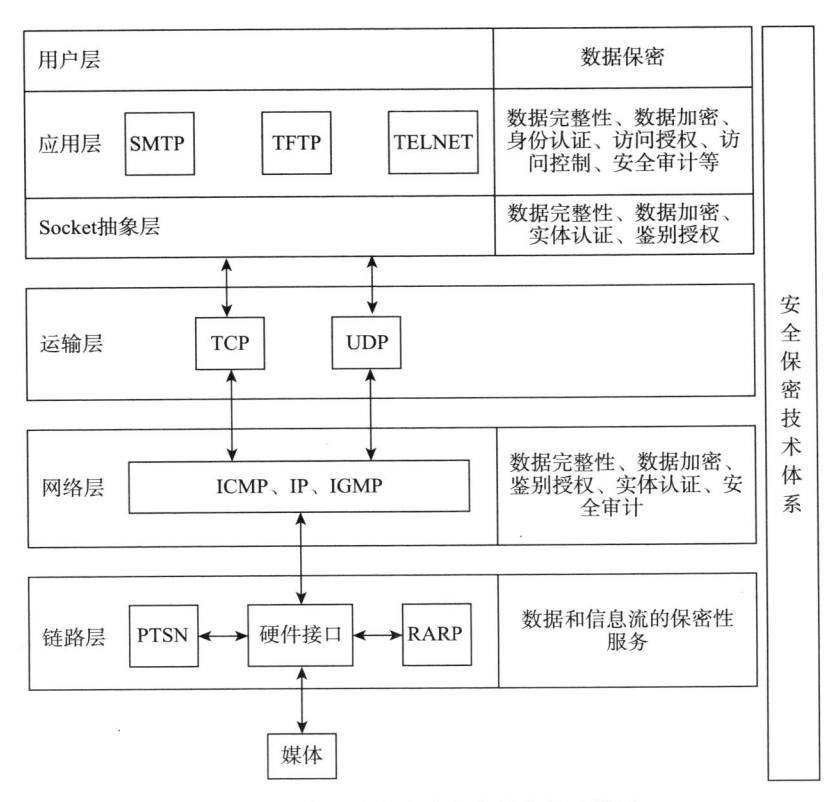

图 5-5 个人信息安全保密技术体系模型

(二) 公私合作的个人信息安全技术规制模式探索

公、私协同技术规制已不是新事物，协同规制简言之就是强调规制主体的多样化。在个人信息安全这一议题上，协同规制已成为当前全球数据保护立法革新的主流趋势。欧盟 GDPR 法规在这方面树立了典范，它将"默认保护"和"设计时融入保护"等技术管理规范提升至法律强制层面，为政府与产业界之间的协作式监管提供了一条技术路径。在个人数据保护的技术标准制定方面，欧盟始终扮演着引领者的角色。早在 2015 年，欧盟委员会便委托欧洲标准化组织（European Standards Commission）为软件及信息系统开发者设定了标准要求，在开发安全技术的过程中必须贯彻"设计即保密"的原则。[①] 欧洲委员会在《ICT 标准化滚动计划（2013—2017）》中指出，隐私与技术的交叉研究是物联网、大数据、智能电网、智慧城市等欧盟数据单一市场的关键技术领域的重点课题。其次，通过立法将技术规则上升至法律层面的高度。"设计数据保护""默认数据保护"的概念源自隐私增强技术和数据最小化的技术要求，这两个规则被落实到欧盟 GDPR 第 25 条，成为强制性的法律义务。[②] 技术规则进入法律逻辑与范

[①] Kamara, I, "Co-regulation in EU Personal Date Protection: The Case of Technical Standards and the Privacy by Design Standardization 'Mandate'," *European Journal of Law and Technology*, Vol. 8 (1), 2017.

[②] GDPR 第 25（1）和 25（2）条概述了在设计和默认情况下对数据保护的义务。GDPR 原文如下：1. 考量现有技术，实施的成本和处理的性质、范围、背景和目的以及给自然人的权利和自由带来的不同可能性和严重程度的风险，数据控制者应当在决定处理方法和进行处理时，以有效的方式采取适当的技术性和组织性措施，如匿名化，其目的是实现数据保护原则，如数据最少化，并将必要的保安措施纳入处理过程，已符合被条例要求并保护数据主体的权利。此主要说明"设计数据保护"的要求。2. 数据控制者应当采取适当技术性和组织性措施以确保在默认情况下仅处理对各个特定处理目的必需的个人数据。该义务适用于所收集的个人数据的数量、处理程度、储存期间和访问性。特别是，这些措施应确保在默认情况下，个人数据不经认为干涉无法被不特定多数自然人访问。此主要说明"默认数据保护"的要求。

围,实现技术向法的转化,有利于强化个人信息的保护。最后,数据保护监管机构与行业共同构建技术规制的方法论。在大数据产业链上,已经有许多参与者提出了"设计数据保护""默认数据保护"等技术规范,但是如何把抽象的法律规则与特定的技术要求相结合,仍然需要由数据保护监管机构、技术开发者、企业等以提升整体数据保护水平为目标,共同制定工程技术标准和技术规范。

二 个人信息保护的技术规制重点

个人信息保护技术规制的重点方向就是要围绕《个人信息保护法》的要求,落实相关规则和义务,这有利于推动个人信息控制者在收集利用个人信息过程中采取安全措施。《信息安全技术 个人信息安全规范》《信息安全技术 云计算服务安全指南》《信息安全技术 网络安全等级保护安全设计技术要求》等,都对数据保护措施和个人信息处理进行了相应的规定,但多数并不是法律强制要求,更多的是企业自律和伦理选择。欧盟首次以法律形式规定技术保护,故本研究就以分析"设计数据保护"和"默认数据保护"的抽象概念为起点,详细论述技术规制的关键要点,确保个人信息权益保护在信息技术环境下予以具体落实。

(一)设计与默认数据保护的区分

"设计数据保护"是一个新兴的技术概念,主要源于"设计隐私保护"概念。2012年美国联邦贸易委员会的指导文件中将"设计隐私保护"定义为:企业应当在整个组织和所有产品、服务开发的各个阶段推动消费者隐私保护。[1] 其常见措施是用人工标识替换可识别道德个人资料和对资料进行加密处置。"默认数

---

[1] FTC, Protecting Consumer Privacy in an Era of Rapid Change, Recommendations for Businesses and Policymakers, 2012.

据保护"主要是指如果企业必须处理个人数据,那么企业在处理活动之前必须要确定处理的数据范围、数据处理的风险等,并通知数据主体,且不能超出此目的进行其他数据处理活动,主要涉及数据最小化和目的限制的基本数据保护原则。常见的措施是:对系统和应用程序的任何默认设置采用"隐私优先"的保护方法、确保个人数据不向他人自动公开、在征得数据主体同意后方才处理其数据,等等。欧盟将数据保护"设计"和"默认"规则纳入 GDPR,意味着鼓励企业在处理程序的最初阶段,采用技术措施来保护个人隐私资料,即以"设计"方式保护个人资料;在默认情况下,企业应确保处理个人资料时有最高的隐私保障,不能让任意其他人看到并处理个人数据,即以"默认"方式保护个人资料。根据 GDPR 相关规定要求,笔者搭建了一个基于"设计数据保护"和"默认数据保护"的组织与技术措施参考框架,具体如图 5-6 所示。

"设计数据保护"和"默认数据保护"虽然都属于数据保护的概念,但二者的应用场景、范围等却有所侧重。正如前面提到的,设计保护主要是为了保护信息主体的权利而设计的嵌入的保护措施和机制,贯穿整个应用程序、服务或者产品;默认保护则是预先设置适合隐私保护的配置,使信息主体免受隐私侵害风险。对于设计与默认之间的关系也有不同的看法。有人将"默认数据保护"视为"设计数据保护"义务的延伸,即作为确保"默认数据访问限制和默认使用特定数据保护原则"的义务。[1] 也有人将"默认数据保护"视为一种赋予公民重新控制其个人数据的工具。[2]

---

[1] Lee A Bygrave, "Date Protection by Design and by Default: Deciphering the EU's Legislative Requirement," *Oslo Law Review*, Vol. 4 (2), 2017, pp.105-120.
[2] Luiz Costa and Yves Poulet, "Privacy and the Regulation of 2012," *Computer Law & Security Review*, Vol. 28 (3), 2012, pp.254-262.

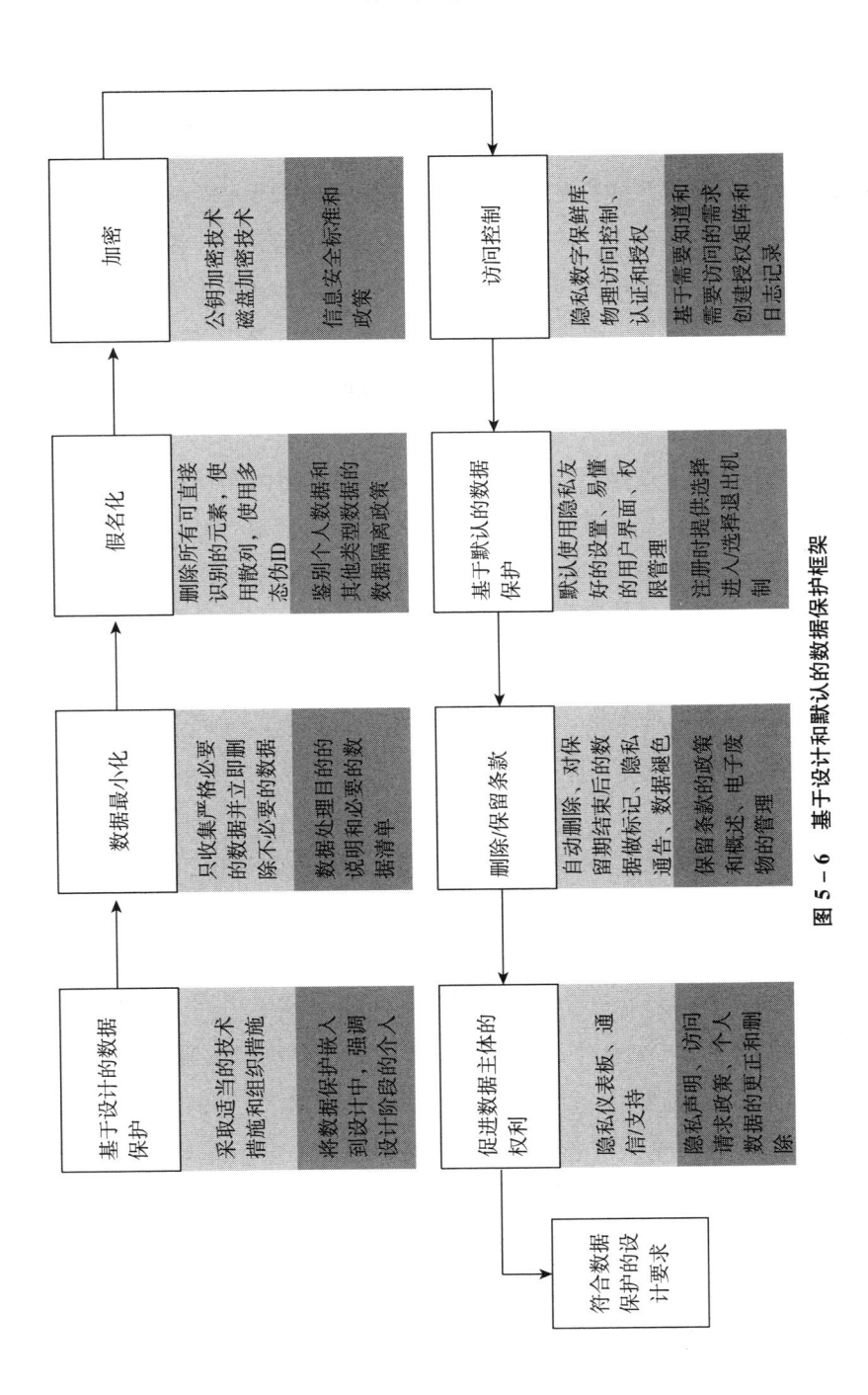

·第五章 数字化治理中个人信息保护的可行路径·

图 5-6 基于设计和默认的数据保护框架

(二)"设计数据保护"的规制重点

"设计数据保护"作为一种工具方法的存在,其有效实施的关键在于要从整体的生命周期中来考虑风险和保护问题,即根据识别出的风险变化,确定采取何种措施。也就是说,数据控制者有义务识别并评估其在数据处理过程中的潜在风险,并据此自主选择适宜的技术措施与组织措施。这些措施的制定和实施应当严格遵循合法性原则、公平透明原则、目的特定性原则、数据最小化原则以及存储期限限制原则等核心法律规范,确保数据处理活动合法合规且尊重个人权益。采取适当的技术与组织措施来保障用户的知情权、访问权、删除权、数据可携带性、对数据的限制等权利。其次,在法律实施层面上,"设计数据保护"之技术与组织措施,必须具有效能性,而这也是监管机构用以衡量其遵从性的一项重要标准。衡量个人信息保护技术措施的有效性,应从以下几个方面来衡量:(1)个人数据处理行为的合法性、公开性和透明性;(2)个人资料的收集是否与具体的、清楚的和正当的目的有关;(3)个人资料的收集及处理是否仅限于为处理目的而必需的资料;(4)保存个人资料是否超过了达到处理个人资料目的的必要期限;(5)管制人员是否采取有效措施,确保个人资料的安全处理。在此基础上,本研究提出了一种可供选择的软件与系统设计方案。

总体而言,"设计数据保护"规制的要点可归纳为:(1)要有预见性。必须站在信息数据领域的最前沿,了解和把握实时信息动态,要对个人信息保护的外部环境变化有较为敏锐的捕捉和预见,进而能够制定出切实有效的技术与组织措施,并满足数据保护原则。(2)要注重整合落实。数据控制者有效把握个人信息安全风险,在对风险合理评估的基础上,制定出的措施关键在于落实。要把各种保护措施与所在企业、组织的实际工作进行合理整合，严格按照数据保护原则对数据处理过程中的风险进行管理，并持续完善正在实施的各类技术与组织措施。

(三)"默认数据保护"的规制重点

"默认数据保护"是数据的控制者按照一定方式得到收集、处理数据的权限后所必须承担的义务。也就是说，即使信息主体在保护个人信息方面呈现被动乃至停滞状态，默认保护规则的要求中依然存在已有的保护设定。其规制重点主要有四个方面：一是个人信息收集量最小；在将个人信息收集给信息主体的情况下，数据保护友好型的默认设定是减少对个人信息的采集，只对用于特定用途的必需数据进行强制要求。还应该强调，个人信息的数量最小化不仅意味着将数据域本身减至最小，而且包括其他减少个人信息采集和进一步处理的方法，例如假名或加密技术。二是将个人信息处理的范围降到最小。个人信息处理的最低要求是降低个人信息处理的次数，而不是降低对自然人权利与自由的风险。例如，如果处理个人资料的目的已经完成，则应避免对个人资料的进一步记录与储存。三是最短的个人信息存储期限。一般情况下，应尽可能地缩短个人信息的存储期限，并根据处理目的对数据进行存储，达到一定期限后应予以删除。四是最大限度地限制了对个人信息的访问。对于如何限制对个人信息的访问方面，必须要依据一定的原则来制定访问策略和访问控制。这种策略和控制能够根据不同场景、不同需求来定制访问权限，同时数据控制者要对不同的数据共享方式进行评估，尽可能地减少数据共享。

总体而言，技术规制的目的在于将个人信息保护法律中已有的规定与义务付诸实施，协助数据处理者选择并证明自己的数据保护原则与措施的有效性。当然，要把抽象的法律原理转化为技术规范要求，仍然面临着诸多挑战。尤其是要落实"设计资料保护"原则，必须在设计研发阶段进行风险影响评估，并对开发人员提出更高的要求。同时，技术管制的场景化需求也加剧了其实施的复杂程度，对特定风险的认识与认知需与风险管制措施持续互动协作。

三 个人信息保护中隐私计算技术规制

在当前的数字经济背景下，个人信息保护正面临着一系列崭新且棘手的问题与挑战。随着个人信息公开程度的显著提升，侵权风险随之剧增；而大型互联网平台对用户数据的过度采集和使用，则可能侵犯用户的隐私权，并进一步强化其在市场中的排他性垄断地位。此外，个人信息保护领域内普遍存在的"信任危机"，无疑加剧了构建数字经济过程中所需承担的各种成本压力。要解决个人信息保护中存在的问题，必须从两个方面着手：第一，要不断完善法律制度，完善个人信息保护的内容。然而，这种防范措施具有滞后性、不确定性等特点，严重制约了数据信息价值最大化的发挥。第二，为了解决这个问题，必须找到一个合适的解决方案，这也是为什么隐私计算会出现的原因。

隐私计算（Privacy-Preserving Computation）是一种以数据为核心，通过对数据进行分析计算，以保证数据的安全性的技术。隐私计算可以在保证数据安全的前提下，提高数据的流通和共享能力，即实现"数据可用不可见、可控可计量"[1]。换言之，就是既要使用数据、发挥数据在数字化治理中的价值和作用，又要让数据的使用者和数据之间仿佛隔着一层"面纱"，要在享受数据带来的价值的同时，保护好数据安全。隐私计算技术根据层级的

---

[1] 王艳红、孔玲、付艳艳等：《隐私计算技术标准化路径分析与建议》，《信息通信技术与政策》2024年第1期，第32~36页。

划分主要有应用层、算子层以及环境层等。① 目前，国内广泛应用的隐私计算技术主要包括多方安全计算（一种基于密码学原理实现的数据隐私保护技术）、联邦学习（融合了人工智能与隐私保护机制的新兴技术），以及可信执行环境技术（依赖于可信硬件设施保障数据隐私的计算方式）。此外，同态加密、零知识证明等技术虽不作为主流应用手段，但也常作为辅助技术在实际场景中配合使用。

隐私计算是用于保障数据安全流通、处理和分享的技术系统，就是让多个数据拥有者在不暴露数据本身的前提下，实现数据的共享、互通、计算、建模，最终产生超出自身价值的数据，同时保证数据不泄露给其他参与方，其核心是隐私保护，这与《个人信息保护法》的目标是一致的。在隐私计算的全过程中，应充分考量涉及的不同主体间的法律义务及其相互关联的法律关系，这些主体包括数据提供者、用户以及技术提供方。具体而言，数据提供者指那些负责提供用于模型训练或作为机密计算基础的真实世界数据的组织实体。而技术提供方则承担着为隐私计算提供必要的平台设施、技术支持方案和管理体系的任务，其服务对象是最终接收并使用隐私计算结果的数据用户。值得注意的是，此处所指的数据提供者并非原始数据来源者，而是经过技术处理后将数据供应给技术提供方的中介角色，因此与技术提供方之间通常存在一种代理关系，并须遵循《个人信息保护法》中关于委托处理个人信息的相关法律规定。在此情境下，技术提供方扮演了个人信息处理受托者的角色，而非直接的信息处理者。此外，除了上述核心参与机构外，认证机构、评估机构等第三方也可能参与到整个隐私计算生态体系之中。

---

① 王艳红、孔玲、付艳艳等：《隐私计算技术标准化路径分析与建议》，《信息通信技术与政策》2024年第1期，第32~36页。

隐私计算技术在数字化治理时代有着较为广阔的应用场景。无论是解决数字化治理过程中个人信息的安全问题，不同主体间的信息协作、互动问题，还是基于数字化治理下的复杂计算、数据关联、内容分析等问题，隐私计算技术都能够从自身的特性和优势出发，提供一定的应对方案，展现出在信息保护方面的能力。例如，数字化治理下，政务服务能够改变过去传统工作模式，大大提高效率，这同时也意味着会有大量的信息数据被收集到政府相关组织部门中，而由于政府内部各部门直接的协作需要，势必需要内部的数据资源共享，这种情况下就可以发挥隐私计算的"可用不可见"特性，通过隐私计算技术来搭建基于内网的政务数据共享交换平台，使不同部门间能够共享数据资源，让信息数据的价值最大化，同时又能充分保证信息数据的安全性。同时，对于在此平台上的数据，可进一步打通政府部门和社会组织、互联网平台企业等平台共享通道，在可管可控的前提下，实现跨区域联动、跨部门调用，在权限管理规范的同时显著增强数据融合价值。

那么再进一步聚焦数字化治理中个人信息保护这一领域，实际上前文提到的数据共享平台的隐私计算技术应用等方面就已经有所涉及了。之所以要给数据共享平台加持隐私计算技术，嵌入隐私计算模块，最主要的目的就是确保个人信息数据在流通、共享中的安全性，就是既要满足数据共享、流通以提高社会治理效能，显著提高数字化治理的先进性，更要注意在此过程中的个人信息安全，要千方百计去保护个人信息数据。在隐私计算技术的整体运行逻辑下，各部门各自管理的个人信息数据是可以免于物理层面的"流动"的，也就是不离开数据"本地"而实现多源数据跨域合作，从而解决过去多平台下数据流通、融合和保护的综合难题。

第五节　顺应时代：个人信息保护制度体系构建

新技术的发展和应用使个人信息安全风险逐渐出现在个人信息被收集后的再次开发利用过程中，比如大数据技术的蓬勃发展，使大量个人信息被交叉组合分析，并出现了若干有别于原始收集目的的"目的外开放利用"。个人信息安全保护的缺失，将会制约物联网、云计算、大数据等新兴信息技术产业的进一步发展，甚至妨碍我国与其他国家顺利开展国际投资和贸易。全球目前已有美国、英国、德国、新加坡等100多个国家和地区建立了较为完整的个人信息保护体系，并且立法活动仍旧持续升温。因此，有必要借鉴全球个人信息保护的发展经验，从制度方面完善我国个人信息保护体系，为我国数字化过程中个人信息收集、处理和利用提供明确的规则，更好地维护个人信息安全，协助推进我国智慧城市发展和网络强国建设，进一步树立我国积极保护公民个人信息的国际形象。

一　做好执行人：健全政府数据保护制度

政府在个人信息保护中扮演着至关重要的角色，是个人信息保护的执行者和监管者。《个人信息保护法》中明确提出履行个人信息保护职责的部门包括国家网信部门和地方政府。党的二十大报告提出"加强个人信息保护"重要部署，为地方政府推进数字化治理、加强数据安全提供了方向指引和根本遵循。要实现"数据之治"，提升国家安全治理能力，促进数字经济持续发展，就要充分发挥数据这一重要生产要素的巨大潜力，同时保证信息安全。在政府推行数字化治理的过程中，频繁进行的个人信息处理活动集聚了显著的安全隐患，因此亟须强化风险防控。近年来，我国已制定了一系列关于信息安全的法律法规，从根本上对信息保护和安全使用等关键问题提出了明确要求,为有效促进数据安全利用奠定了坚实的制度规范基础。

(一) 明确个人信息保护的责任主体

通常来说,为保障个人权益,如对动产、不动产等财产的保护,本质上都是从权利角度出发,最终回归到个体层面。现今社会中,人们对于自身权利的关注与维护意识日益增强,因为每个人都拥有独特的精神世界和不可侵犯的"私人领地",这应在不侵犯他人权利的前提下得到尊重与保护。然而,在现实社会运行的诸多制度实践中,往往会出现不同程度的扭曲现象。特别是在个人信息保护领域,这一问题显得尤为突出。个人信息的本质属性决定了它不会因主体意愿而改变。随着大数据和信息技术日新月异的发展,包括个人信息在内的各类信息数据已成为具有极高经济价值的新一代生产要素。当今,对个人信息的处理与流通也给予了较大的重视。网络环境下,权利人对个人信息的处理与流通已不能完全控制。个人信息权是属于个人信息主体的,但也不能完全依赖于个人,而且个人对自己信息权益的保护能力十分有限,因此,必须在数据的管理者和数据使用者之间合理分配个人信息保护的责任。这也是一种由权利向责任的转变,保护个人信息的责任人不仅限于个人信息权利人,还包括在政府数据开放过程中,对个人信息进行采集、控制、处理等环节的责任,突出属事属地原则,也就是谁拥有、谁控制、谁使用、谁负责,以保证个人信息的安全。

(二) 设立个人信息分级保护机制

在信息化时代,个人信息展现出独特的双重属性。一方面,其承载着个人的人身特质;另一方面,在信息化社会中,其财产属性日益凸显,随着科技进步,人们能够将个人信息从个体特性中抽离出来,并将其融入市场经济体系以实现更大的经济价值。

个人信息的这种双重性特质表明，仅仅从人格权益或财产权单一维度来定义和保护个人信息是不够全面的。另外，传统的"一刀切"保护模式存在两种局限：一是过分强调个人信息的人格属性保护，二是过度关注其作为财产的利用价值，这往往导致个人信息保护陷入单一化与僵化的困境。在政府数据公开环节，政府部门享有一定的自由裁量空间，然而若缺乏细致而明确的规范指导，政府在决定公开哪些个人信息时，很容易滑向"大包大揽"的披露状态。此外，由于各个部门对个人信息的保护往往不一致，因此可能存在某一部门无法向公众披露的情况，而另一部门却可以向公众披露。为避免"一刀切"的做法造成公共利益与个人信息不均衡，需要根据社会生活中各类信息的本质与功能，实现两者间的平衡，构建适合我国国情的个人信息分层保护机制。行政机关应当按照不同的分类标准对个人信息进行分类，有针对性地予以保护。第一级个人信息风险系数高，主要来源于当事人本人，政府还没有对这些信息进行处理与整合，要把重点放在充分保护信息主体的个人意愿上，保证在处理个人信息的过程中，不会在没有征得信息主体同意的情况下采取强硬的手段。第二级个人信息风险适中，这种信息由信息提供方被动提供并由政府数据管理部门进行分析和融合而成，其内容呈现为个人真实信息。在处理和公开这些信息的过程中，必须依据相关法律法规所规定的公共利益。与此同时，公共利益和个人利益之间的合理平衡也是一个关键因素。第三级个人信息是利用大数据技术对其进行挖掘、整理而得到的预测信息，其风险系数较低。与其他两个层次的个人信息相比，此类个人信息的保护是最弱的，只需要进行风险评估和去标识化处理就可以了。

（三）完善个人信息泄露救济机制

目前各地政府数据公开法规对个人信息泄露后的补救措施都

比较含糊，大部分是向数据管理机构投诉，但并没有具体的投诉程序。在面对公共权力时，信息权主体通常处于较弱势地位，因此，在政府数据公开的各个环节中，明确界定各方主体所应承担的职责和义务显得尤为重要。但由于政府数据因部门不同而存在责任主体的不明确。在公民权益受到侵犯时，应建立明确的问责程序，在政府数据公开过程中，个人信息受到侵犯的情况也是如此。更具体地保护个人信息，保证问题和问题的责任人可以及时准确地确定，避免相互推卸责任。为了充分保障个人信息权益，在救济途径方面，可以从程序设计上采取诉讼与仲裁并举，民事、行政和刑事责任相衔接的方式。鉴于个人信息兼具"人身"与"财产"双重属性特点，从"人身权"的维度考虑，即使尚未对信息主体造成实质损害后果，也应对侵犯个人信息的行为追究相应的赔偿责任；而针对其"财产性"特征，则应依据个人信息的重要程度设定差异化的赔偿标准，旨在实现政府数据公开与个人信息保护两者之间的有效平衡。在此基础上，积极推进公众对政务数据全生命周期全过程中个人信息的保护，符合政府数据开放后数据价值再利用的目标。在政府数据开放过程中，有明确的个人信息保护方法，可以使数据开放利用和个人信息保护之间的关系得到很好的平衡，为政府数据开放实践提供指导。

二 当好守门人：完善企业合规制度体系

《个人信息保护法》中有一个非常重要的部分是提到了对那些自身实力较强、用户群体众多且业务庞大的个人信息处理者的权利义务。换言之，前文提到当前在数字化治理中，个人信息的保护在互联网环境下一个重要依托就是以云平台服务商为代表的重要平台资源提供方。由于从现实观察来看，这类掌握复杂技术算法和具备稳定售后能力的平台方，一般来说都是比较有影响力的企业或团体，单独个人的情况比较少见，因此本研究针对《个人信息保护法》中这部分内容的探讨，主要针对提供互联网平台服务的企业。互联网平台企业在数字化治理中扮演着十分重要的角色，以《个人信息保护法》来对互联网平台企业加以规范，是个人信息保护治理的关键之处。因此，重要互联网平台企业必须严格执行《个人信息保护法》的相关规定，建立健全个人信息保护合规制度体系，落实好"守门人义务"，争做让国家放心、让人民放心的个人信息处理者，履行好社会服务职能。

（一）加强对互联网平台企业的监督

开展对互联网平台企业的监督，是确保其正确履行职能义务，做好个人信息"守门人"的重要手段。当前由于数据规模的与日俱增，怎么管理、谁来管理成为摆在信息管理者面前的重要命题，过去传统的数据归档和管理已经不适应数据时代的发展现状，新的信息保护模式下互联网平台的蓬勃发展为解决这一问题提供了有效的技术方案。但是对于政府部门和信息主体个人来说，放置于互联网平台上的数据是否安全，个人信息怎么保障又是其十分关注的，这就需要加强对互联网平台企业的监督，让数据流动安全透明。

第一，监督机构"是谁"的问题。根据《个人信息保护法》的规定，要由独立机构进行监督。那么按照这一规定来解读，这个独立机构是存在于哪里，又是如何存在的？首先对于提供互联网平台资源的企业来说，它们自身本来就是独立的，有自身运行管理的一整套流程，从部门设立、工作规定、人员管理诸多方面，都有较为清晰的文件或规范。那么再回到条文中所讲的独立机构，是否就是公司内新设立或者已有的一个部门呢？从法律角度讲，企业建立独立监管机构是其法定义务，所以互联网平台企业依据自身所承担的个人信息业务需要，建立监督机构以更好地履行责任和职能，应当说是逻辑通顺的，同时，假设这里的监督机构并非企业内部部门或组织，而是独立于企业，或与企业平级的单位或组织，那么在实际运行过程中，首先面临的一个问题是外部机构行使监督行为，那么该互联网平台企业是否需要付费？如果需要，那么二者的关系是否已经发生了实质性的变化，监督本身是否变成了一种商品而存在，这是否会影响到监督的实际效果；另外外部监督对于公司内部的了解程度有多深，能否充分发挥出监督的力量，这些问题都是需要思考的。因此从实际运行中来看，这里的监督机构更适合作为公司内部的部门而存在。其次，《个人信息保护法》中就进一步提到，对于进行监督的独立机构来说，人员组成以外部人员为主。外部人员为主意味着除了占数量优势的外部人员外，依然有着少量或是极少量的内部人员，在实际观察中，确实也能发现一些企业的内设部门，会有一些短期聘任或长期聘任的人员担任一定职务，但是对于监管机构来说，即使是外部人员，也不应该和公司本身具有某种合同关系，否则就会使监督失效。这一点后面会展开探讨。

另外，通过对《个人信息保护法》相关条文的进一步理解，关于互联网平台企业设立监督机构的问题，还有一个设立目的问题。条文中明确提到是为了监督个人信息保护情况。事实上，前文中也提到在数字化治理下，传统治理模式衰落，面对大数据、信息化的技术喷涌发展，现实呼唤着新模式的出现和应用。而就个人信息保护方面来说，无论政府部门还是信息主体个人，都无法完全独立地在数字化浪潮中找到应对之策，必须求助于更广泛的主体，要从合作中实现治理水平和能力的提高。因此，既然是监督个人信息保护，在政府部门难以第一时间做出信息反馈、个人力量弱小的情况下，互联网平台企业就必须站出来，发挥其重要的作用，履行个人信息保护职责。监督机构在企业内部设立，能对企业自身的运行、管理起到重要的监督作用。

综上所述，对于《个人信息保护法》中有关互联网平台设立监督机构的内容,我们较为明确的是这一监督机构是来自互联网企业内部,并且该监督机构在企业中具有重要的地位。同时,由于成了内设机构,那不可避免会时常接触内部其他机构,特别是经营部门、人力资源、财务等,这就必须根据企业实际,因地制宜合理设置监督部门,要充分保障该部门的相对独立性。

第二,工作人员的"组成"问题。前文提到了互联网平台企业的监督机构中,必须强调的一点是外部人员占主要,这也就推断出从整体上看,参与监督的人员分为两类,一类是外部人员,一类是内部人员。那么就从这两类人员来看,《个人信息保护法》之中的监督机构,外部人员是要有强话语权的,必须要确保监督机构的独立性,并且在监督工作中起到主导的作用。在当前的企业管理中,特别是重大事项的讨论,往往会通过表决的方式来最终确定,那么就监督机构而言,为了尽可能不受干扰地行使监督权,加强对个人信息保护的监管,就必须在监督机构成立时,确保符合条件的外部人员数量超过监督机构人员总数的三分之二,只有这样才能巩固外部人员的话语权,让监督机构相对公平地进行监督。近期全国信息安全标准化技术委员会发布了关于《信息安全技术 大型互联网企业内设个人信息保护监督机构要求》的征求意见稿,其中对于监督机构规定应由七至十五名成员组成,其中外部成员占比不低于三分之二,内部成员不超过三分之一。如果全部由外部人员担任,是否又会出现缺少制衡而引发的新问题,也是值得立足实践去进一步思考的。

上文对监督机构人员数量比例问题进行了探讨,那么相较于内部成员,什么样的外部成员可以进入监督机构,在确保监督机构形式完整的同时,更好地发挥其应有作用呢?这就需要对外部成员的选择提出几个条件。其一,没有劳务关系。这是确保公平公正选择外部人员的关键之一。一旦某个进入监督部门的外部人员实质上与该互联网平台企业存在实质性的合同关系,或者干脆是"假外真内"的人员,势必对监督部门行使职权带来不确定影响。因而这一点应该是在选择考察拟进入外部人员序列之前要考虑的首要问题。其二,必须具备一定工作经验和能力。众所周知,监督工作是一项涉及方方面面的系统性工作,监督工作者不仅要懂一定的业务知识,还要具备法律、财务等方面的基础知识,特别是针对个人信息保护方面的监督,还要具备大数据平台运营、技术分析等方面的能力,只有具备一定的经验和技能,才能更好地履行对个人信息保护的监督职能,确保互联网平台企业合法合规地收集、处理信息数据。其三,与受监督企业无利益关系。全国信息安全标准化技术委员会发布的关于《信息安全技术 大型互联网企业内设个人信息保护监督机构要求》的征求意见稿中对此也有一些规范,即本人或其配偶、直系亲属、主要社会关系在大型互联网企业或者其附属企业任职的不得担任外部成员。这一点是比较好理解的,即使不是监督机构这个方面,其他相关法律规范中亦有关于"重大利益关系"情形的界定或解释。与此同时,还需要注意的是由于监督机构的外部人员是实质性的公司之外的人,那么他是否在其他企业同样成为监督机构的外部人员,更有甚者如果两个不同企业都是同类型、同领域的互联网平台企业,那么这些情况在企业考察外部人员时也应该特别关注,根据实际情况做出适当约定或调整。

第三,监督的"范围"问题。互联网平台企业的监督机构,主要职责是监督个人信息保护,具体来讲可以分为以下几个方面:其一,从法律角度入手,查找互联网平台企业当前在个人信息保护方面规范程序的空缺或不足,针对存在的问题进行深入分析,进而为企业下一步的改进提出具体方案。对于规范程序中的问题,不能简单地罗列,必须有理有据、事实充分,要对当前的规范体制和运行机制作可行性分析,通过理论与实际的结合,找到切实可行的改进办法。另外,对于国家制定的新的个人信息保护标准，作为一个独立监管组织，要时刻留意和提醒企业管理层，并促使他们按照规定执行。其二，监管企业在执行有关个人信息的法律法规方面的工作，并提出相关建议。为了保证企业的隐私安全，必须对其进行严格的个人信息保护。由于独立监管组织相对更加了解企业的个人信息保护措施的执行状况，对不符合要求或者没有做的事情进行监管，并敦促它们按时完成。对相关企业的相关违法行为，应立即予以纠正，并告知企业管理部门。独立监管组织是最容易察觉到个人信息非法违规采集处理的单位，它应该将相关的情况告知关键的网络平台公司，使它们能够快速地做出相应的反应。

（二）规范平台规则拟定

《个人信息保护法》明确了要按照公开、公平、公正的原则规范平台规则，这就为我们探讨互联网平台企业拟定怎样的平台规则，如何更好地保护个人信息提供了重要方向。事实上，《个人信息保护法》所要求的制定平台规则，不仅是规范平台运行、保护个人信息安全，更重要的是预防性、前瞻性。如果个人信息风险已经发生，信息主体已经受到了信息泄露的危害，那么再进行平台规则制定，虽然属于"亡羊补牢"，但依然难以否认行动的滞后。因此，自《个人信息保护法》出台起，就应当未雨绸缪、提前作为，做好可能出现的危险的防范，先拟定执行，后逐步完善，让互联网平台获得规范有序的发展。

第一，规则制定前需要重视意见征求。

由于重要互联网平台承载着巨量的数据信息和跨领域、跨组织的数据业务，不仅关系平台企业自身的权利与义务，也关系其他相关主体的利益。因此，平台规则的制定就要更为谨慎，必须经过一定的调研考察，充分听取各方代表的意见建议，合法合规地推进规则的拟定，并且一定要牢记《个人信息保护法》中的三条原则，严格按照原则执行。

向谁征求意见是开展工作前的重要一步。作为互联网平台企业，由于自身肩负着对平台的运营管理维护等各方面工作，对平台的使用也是足够了解的，那么最开始的征求意见应当从企业内部开始。由于企业的运行是一项系统工程，涉及的部门、人员众多，在征求意见时首先应当关注互联网平台的实际管理者、技术人员、维护人员等，他们长期接触平台工作，对个人信息数据了解较多，也对平台运行的底层逻辑较为熟悉，所以从他们身上可以了解到较为及时准确的信息。其次，企业内的法务、财务、人力资源等相关部门。虽然他们并不直接接触平台的运行，但在企业与政府部门、其他企业或组织合作时，会涉及合同问题、资金流动、人员调动等，这些和平台也有十分重要的关系，并且这些信息也能抽象成数据反映出来，通过短期或长期的分析，能够发现平台的一些状况。最后，除了企业内部外，互联网平台的合作方，包括政府部门、个人、其他经营者，也要进行意见征求，并且要从使用方、客户方的角度高度重视收集到的意见建议，在平台规则制定中加以充分考虑。

解决了征求意见对象的问题，那么在征求意见的过程中以及后续的反馈中都应当坚持三原则中的公开原则。数字化治理下公开变得更加容易和有效。意见的征求不是在企业内部贴一张形式主义的文件就可以，必须充分发挥互联网平台企业的平台优势，广泛征求各方意见。对于公司内部，也可以借助 OA、即时通信工具、小程序等方式开展更加便捷的意见征求。对于征求意见要给予被征求人足够思考的时间，注重意见建议的高质量，不能盲目追求数量，甚至将意见征求数量作为一项业绩工程加以夸大宣传。要借鉴党中央、国务院的有关征求意见稿的形式和时限，同时根据自身实际状况灵活调整。完成了意见征求之后必须及时整理反馈，对于意见的采纳与否，应当视情况尽可能逐一进行回应，或是对于共性的建议问题，可以集中进行反馈，做到有始有终，更好地服务于平台规则制定。

第二，规则制定时需要注重统筹兼顾。

在完成了前期的意见征求并反馈后，接下来要做的就是结合可用的意见建议，开展规则的整体制定工作。对于规则方案的制定过程，理论上不是本文研究的重点，因此主要结合《个人信息保护法》和平台规则服务个人信息保护的基本理念，简要提出规则制定时需要注意和关注的几个方面。其一，规则的总体目标和精神是以《个人信息保护法》等相关法律法规为依据，以充分保障个人信息权益为目标。必须在规则制定中时刻牢记互联网平台的个人信息保护责任，不能将这一规则简单制定为一般的平台管理办法、技术方案、流程指南等。其二，必须将收集到的意见建议进行内部交流，编辑形成适合的条款项进入平台规则草拟稿，必要的时候可以将提供了重要意见建议的机构或个人写入规则中合适的位置，逐步形成更加广泛、更加融洽的平台共同体，这不仅有利于互联网平台的长期运行，也能够集中更多力量加入个人信息保护中。其三，必须按照《个人信息保护法》中的明确要求，将平台内产品或者服务提供者处理个人信息的规范和保护个人信息的义务写入平台规则中。当前个人信息保护工作之所以面临很多困难，原因之一就是承载个人信息数据的一些平台缺乏管理处理个人信息数据上的规范，如前边章节提到的数据销毁时的规范不够等问题。因此在规则制定时应当抱有穷尽现有问题的态度，即使有一些问题在当下难以解决，也要加以记录并在实际工作中尽可能减少其发生的频率或降低发生之后的危害，以更大的社会责任感和个人信息保护决心投入平台规则的制定中。

(三) 建立一个高效的处置机制

《个人信息保护法》规定对于平台当中产品或者服务提供者

出现违法违规行为时，作为平台管理者的互联网平台企业应当停止提供服务。从上一部分的最后探讨中其实不难发现，在数字化发展的今天，互联网平台企业事实上已经具有了更大的社会责任和义务。虽然在平时的一般探讨中，依然会把它们作为企业来看待，但随着数字化治理的持续深入，未来也许会赋予互联网平台企业更多的功能和定位，这同时也对它们提出了更高的要求。因此，从《个人信息保护法》上述条款来看，互联网平台企业需要建立一套高效的问题处置机制，而这种机制的具体实施，就可以体现在对平台内容的审查上。如果说问题处置是一种"事后行为"，那么内容审查就是"事前行为"。正因为笔者思考未来这些互联网平台企业的功能和定位可能会有新的内容，因而在《个人信息保护法》只提到问题处置这部分时，依然加入了"审查—处置"的完整逻辑。

在内容审查方面，互联网平台企业是有着天然优势的。由于内容提供方、数据管理方都要借助于互联网数据平台来收集、管理、流动个人信息数据，所以当大量个人信息数据进入平台时，互联网平台企业是有机会加以审查的。其一，合规审查。对于已经建立了较为完整的平台规则的企业，直接的手段就是依据平台规则，对个人信息数据的合规性进行审查。除了平台自身的规则，如政府部门、其他社会组织等在使用平台进行个人信息数据管理时，也会有其自己的一些特殊要求或规定，这时就可以将规则要求以一定程序的形式编写进平台当中，实现平台中数据的合规审查。其二，形式审查。大多数政府部门或组织在收集数据时，都会对数据有一些形式上的要求，比如个人信息的排列布局等，以往的数据收集往往是基于 Excel 等工具，在基层治理中常常变成表格堆砌，加重工作负担，降低工作效率。在推进数字化治理中，依托平台提前设置好需要的数据形式和格式，可以确保在数据完成收集后能够微调或不调，直接应用于工作当中，这样就能够提高工作效率。同时，用形式审查替代传统的信息收集，能够减少传统收集中如表格信息流传进互联网、工作群被盗而出现信息泄露问题，也能够较好地保护个人信息安全。其三，全面审查。平台之上的个人信息数据，其复杂多变的特征使得在很多情况下需要对数据的整体性进行判断，用整体性的评估来初步判断数据的完整性、准确性。因此对于互联网平台企业来说，必须形成全面审查的意识和工作机制，要针对特定用户或群体的使用习惯和要求，开展个人信息的全面审查，及时发现数据中的缺项、漏项，并且从整体性上初步评估判断个人信息的安全性，有无失窃或泄露的潜在风险。其四，安全审查。这部分审查是最关键也应当是最重要的。安全审查有多种多样的方式，从收集安全、传输安全到存储安全、备份安全，可以说安全审查是贯穿内容审查始终的，并且也是互联网平台企业的生命线。要牢记数据安全就是生命的理念，切实做好平台安全审查，除了作为内容的部分，物理设备的安全性、传输线路的安全性等同样应该纳入大的安全审查之中。

在对内容审查部分进行了较为细致的梳理之后，进一步需要探讨的便是高效处置的问题。近年来，党和国家高度重视互联网个人信息安全问题，始终坚持防管结合，压紧压实互联网平台企业安全责任，以《个人信息保护法》《数据安全法》《App违法违规收集使用个人信息认定方法》《常见类型移动互联网应用程序必要个人信息范围规定》等法律法规为依据，推动行政执法、违法处置工作的高效运行。对于互联网平台企业来说，相关法律法规的实施绝不是对企业本身的打压、限制，恰恰相反，完整可行的法律法规更加有利于平台企业以此为参照，高标准、严要求地对待自己的平台系统以及平台之上的海量个人信息数据，一旦出现数据安全问题，能够第一时间启动处置机制，并且配合有关部门建立长效处置机制，从严惩犯罪、重点整治、加强监管等方面协同推进，形成工作合力。同时，对于互联网平台公司来说，要注意形成结果反馈的处理机制。这样不仅能够实现对个人信息准确高效的保护，还能明显降低对公共资源的占用，在法律法规下有序处理，而不是每次都要等到违法犯罪发生之后动用国家强制力进行处理。为此，需要建立健全"一对一"的评价体系，保证每一次投诉都能得到及时准确的反馈落实。

(四) 创新社会责任制度

《个人信息保护法》规定，要定期公布个人信息保护的社会责任报告，并接受社会监督。在数字化治理时代，个人信息的安全问题，特别是互联网个人信息安全面临着诸多风险和挑战，对于"守门人"互联网平台企业来说，及时准确地发布个人信息保护专题报告，解答社会公众关心的重点问题，是其完整履行社会责任，积极回应社会关切的重要手段。根据南方财经全媒体集团与中国社会科学院法学所共同组成的课题组调研数据，仍有一些互联网企业在及时发布个人信息保护专题报告方面存在缺失，总体上互联网平台企业的年度总结和披露内容还较为简略。基于此，互联网平台企业应当重视并定期发布个人信息保护社会责任报告，从多方面入手不断完善和提高报告质量，主动接受社会监督，创新社会责任制度，增强个人信息保护力度。

第一，形成差异化的互联网平台企业社会责任制度设计。

企业社会责任报告，即 CSR 报告，是企业与利益相关方沟通的重要桥梁，在企业履行社会责任、接受公众监督、加强自身管理和巩固长期经营等方面具有十分重要的意义。为了更好地形成企业社会责任报告，就需要在相关制度设计上重点突破，针对互联网平台企业的不同情况，以差异化方式推动制度创新。首先就互联网平台国有企业和民营企业而言，国有企业应当承担更大社会责任。数字化治理时代，民营互联网平台企业得以快速发展，而传统国有企业和一些新兴国有企业同样借助互联网实现了转型和发展。在履行社会责任、重视个人信息保护社会责任报告方面，国有企业必须做出表率，依据已有的法律法规，严格执行信息公开制度，完整推进草案—核实—审批—发布等主要步骤，定期发布个人信息保护社会责任报告，要以造福全民的姿态主动作为、接受监督。而对于民营企业来说，则应当积极鼓励民营企业和民营企业家正确认识和承担社会责任，根据民营企业的规模大小逐步形成与之相适应的制度设计。其次就上市公司和非上市公司而言，上市公司的企业社会责任制度应当更加严格。上市公司的经济实力和社会影响力一般来说都比较大，因此在个人信息保护方面需要更加谨慎和重视，要避免由个人信息安全问题引发企业自身信用乃至社会层面更大的负面影响，要将个人信息保护社会责任理念贯穿于企业经营的各个层面。而对于非上市公司来说，由于这部分企业数量更多，且经济实力和社会资源参差不齐，想要制定一劳永逸的统一制度设计难度较大，且适用性不强，因此可以参考民营企业的制度设计，按照企业规模大小，合理分配所承担的社会责任，但对于个人信息保护的基本红线和底线，理应一视同仁。

第二，完善个人信息保护社会责任具体内容。

企业社会责任包含内容众多，且针对企业的不同类型、规模大小、行业划分等，相应的需要承担的社会责任也有所不同。在数字化治理时代，个人信息保护相关问题频频出现，其中有很多问题也是直接或间接地指向了互联网平台企业，使广大民众对于互联网平台企业的一举一动十分关注，也更加期待其在承担个人信息保护社会责任方面有所创新。因此，互联网平台企业应当积极创新社会责任制度，不断完善个人信息保护社会责任具体内容，并将其体现在定期发布的社会责任报告之中。首先是就此次报告与前次报告的相关对比。要从整体上对前后报告中展现出的个人信息保护系列信息和数据进行对照分析，必要时借助分析工具进行深度比照，从中整理发现一个阶段中平台企业在个人信息保护方面的投入变化和效果呈现，特别是对于企业履行社会责任方面有更加直观和具体的认识。通过系列分析研判，能够让平台企业更加准确认识和理解个人信息安全的重要性，并在之后的具体工作中更加重视对个人信息的保护，并及时发现尚存的风险隐患，有针对性地进行排除和处理。其次是充分发挥平台优势，整理形成个人信息保护现存问题，并提出较为可行的改进方案。作为"守门人"的互联网平台企业，由于能够更加近距离地接触个人信息数据，也就更容易发现问题和隐患。从平台自身角度，全面准确整理出个人信息保护现存问题并提出建设性方案，是互联网平台企业积极承担个人信息保护社会责任的直接体现。个人信息保护社会责任的重要内容之一，就是要对个人信息保护相关问题进行深入挖掘和分析，不仅要归纳出具体问题，更要针对问题提出可行的对策，进而为企业乃至国家的个人信息保护工作提供思路和参考。最后是及时追踪企业对个人信息保护工作的优化落实情况。对于平台企业来说，个人信息保护不是停留在文字上或是简单罗列在定期的社会责任报告中，必须一步一个脚印落实到位，要将社会责任感体现到具体工作中。要在年度或定期工作回顾中体现个人信息保护工作优化或实施情况，通过阶段性的总结分析，稳步推进整体的个人信息保护工作，使互联网平台企业在承担社会责任方面真作为、出实效。

第三，健全个人信息保护社会责任报告审批制度。

一般而言，个人信息保护社会责任报告的发布主体是互联网平台企业，而该报告的内容组成如前文所述又比较复杂多样，也就会涉及企业中的多个部门，因此从报告的质量和真实性立场出发，势必需要在报告发布前开展内部审批，也就是要有一套相对健全的内部审批制度加以规范。首先要明确审批机构。互联网平台企业的内部审批制度中必须明确设立专门的审批机构，这是确保个人信息安全、履行企业社会责任的必然要求。由于个人信息保护社会责任部分对于企业自身来说，不能够非常直接和明显地体现出经济收益，因此在市场经济下，部分企业表现出对该报告的不重视，草拟和发布过程较为简略，或是缺乏系统性、规范性，无法发挥社会责任报告的真正作用。因而在企业中必须设立专门的审批机构，最好由企业中的个人信息管理机构或是平台数据管理相关机构承担。其次要有完整的合规审计程序。《个人信息保护法》中有对于合规审计的明确表述，而2023年8月国家网信办发布的《个人信息保护合规审计管理办法（征求意见稿）》则进一步对合规审计的诸多方面进行了细化。互联网平台企业必须对合规审计有清晰准确的认识，要将合规审计视为对企业运行和个人信息保护的一种监督活动，以监督促完善、促发展。只有经过合规审查程序之后的个人信息保护社会责任报告，才可以最终发布。最后是要加强对个人信息保护社会责任报告的监督管理。事实上，《个人信息保护法》中明确规定了互联网平台企业要成立独立机构对个人信息保护情况进行监督，其中自然就包括了对个人信息保护社会责任报告的监督。前文已经对监督机构进行了论述，此处不再重复。经过由专业人员组成的机构的监督审查后，个人信息保护社会责任报告的可信度自然会进一步提高，也更有利于发挥报告在履行社会责任方面的重要作用。

三 完善现代法：加强公法与私法的互动融合

《个人信息保护法》的实施，为我国加强个人信息保护提供了有力的制度保障，而关于本部法律的法属性问题，也引起了学界的广泛讨论。运用马克思主义的立场、观点、方法来看，无论是《个人信息保护法》，还是已有的其他一些法律制度，指向现实生活、推动良法善治才是最终目标，而公法私法的问题应当视为"一种人为拟制,并不存在绝对的公法或私法"[1]。基于此,对于未来我国的个人信息保护工作,以及个人信息保护制度建设来说,应当以《个人信息保护法》的出台为契机,重视和强化公法与私法的互动融合,积极构建具有中国特色的个人信息保护法律范式。

(一)《个人信息保护法》的私法属性

《个人信息保护法》是我国在个人信息保护领域一项非常重要的立法。在本部法律出台以来,早期学术界较为关注的重点之一就是《个人信息保护法》和《民法典》的关系问题。作为一部保护个人信息的综合性立法,《个人信息保护法》包括了对个人信息的私法规则,这就和《民法典》组成了特别法与一般法的关系。

首先,从根本上来理解个人信息,可以将其看作是一种人格权,而人格权在《民法典》中是有明确的规定的,因而个人信息也是《民法典》中有关规定的重要组成部分,受到《民法典》的保护。在《民法典》第一编第五章中,对民事权利的相关内容进行了规定,其中就明确提出了人格尊严是受法律保护的,并且进一步规定个人信息受法律保护。同时,《民法典》第四编的人格权部分中,专门对隐私权和个人信息保护相关内容进行了规定。上述的规定内容和范围能够进一步明确个人信息的私权属性,也就是可以将个人信息权益视为一项民事权益。其次,上面提到的隐私权和个人信息联系密切。这一点直观的体现就在《民法典》的第四编,其中第六章是明确将隐私权和个人信息保护放在一起的,这种编排正是考虑到了隐私权和个人信息保护的密切联系,并且人为强行割裂或拆分这种联系必然造成一定的法律混乱和现实问题处理上的困难。同时,在第六章中的隐私界定上,也明确

---

[1] 丁晓东:《个人信息公私法融合保护的多维解读》,《法治研究》2022年第5期,第12~25页。

提到私密信息，而作为隐私的私密信息，其中必然包含了私密个人信息；相对应的，个人信息中的私密信息，也适用有关隐私权的规定，这也更加表明了隐私权和个人信息之间具有密切的联系。从世界范围来看，美国一贯采用"大隐私权"的保护模式，将个人信息权益以及相关的人格权益内化其中，以隐私权的规则来保护个人信息；日本采取了类似的保护模式，将隐私权视为信息的自我控制权；而欧盟采用的则是"二元化"的保护模式，但这种划分在实际法律文件中又表现出一定的模糊和边界不明，极易造成"二元化"的保护模式陷入"一元化"适用的窠臼之中。

如前所述，《个人信息保护法》和《民法典》组成了特别法与一般法的关系。《民法典》作为我国法律体系中的基石性法规，不仅是私法领域的基本大法，它确立了个人信息保护的基本框架、原则、理念和价值取向，并明确了个人信息与隐私权等其他人格权之间的界线，为《个人信息保护法》奠定了最根本的规范基础。《民法典》所蕴含的人格尊严保护、民事权利保障等核心价值观，为解释和实施《个人信息保护法》提供了理论支撑。《民法典》中关于个人信息处理的相关规则不仅赋予了个人信息保护的合法性根基，同时也为个人信息保护立法提供了不可或缺的法律依据。而《个人信息保护法》对个人信息的保护也紧密围绕着《民法典》的原则和规则展开。从立法目标来看，《民法典》与《个人信息保护法》的核心目的相辅相成：一方面，《民法典》旨在全面维护公民在数字化时代的各项私权利益，这与《个人信息保护法》第一条明确提出的立法宗旨高度契合；另一方面，《民法典》对于个人信息的规定还旨在促进个人信息的合理利用，未将个人信息明确定义为一项独立的人格权，一个重要原因是为了避免过度限制数据共享、利用以及大数据产业在我国的发展空间，而"个人信息"这一概念巧妙地平衡了信息主体权益与数据流通、使用的关系。

197

我国《个人信息保护法》在充分保障个人信息安全的同时，也重视并推动个人信息的合理利用，其立法目的在多个条款中都体现了这一理念。例如，《个人信息保护法》第十三条列出了无需取得个人同意即可处理个人信息的情形，其中就包括根据法律规定，在适当范围内处理个人已自行公开或已被合法公开的个人信息，这样的规定旨在确保个人信息的有效利用。

（二）《个人信息保护法》的公法属性

现代社会中个人信息保护本身即为公共议题，2020年颁布的《民法典》将个人信息明确为民事权益，从而受到法律保护，因此个人信息具有鲜明的私权性。同时，个人信息保护的命题从一开始就具有不可忽视的公共性。世界各国个人信息保护制度的发展历程都是在私权与公权的紧张关系中完成的，其立足点大都落在个人尊严保护与公权力规制之上。我国早期也是由《刑法修正案》《身份证法》《网络安全法》等公法规范完成对个人信息法益地位的确认与保护。

不管是上文对《个人信息保护法》和《民法典》关系进行的探讨，还是隐私权和个人信息的密切关联，都能够较为清晰地说明个人信息所具有的显而易见的私权性质。但人是一切社会关系的总和，在当今社会中，依托人而存在的个人信息，越来越体现出公共化。伴随数字化时代的蓬勃发展，云计算、大数据、人工智能等新型技术得到日益广泛的应用，这柄双刃剑也为个人信息保护工作带来了新的风险和挑战，使个人信息遭受侵害的概率大为增加，这是传统民事权利完全无法比拟的。鉴于个人信息在现代社会中存在的普遍性和易受害性，其自身的公共性必然有所上升。另一方面，承载海量个人信息的大数据正日益成为重要的生产资料和财富形式，如果片面地将个人信息作私权化处理，甚至上升为绝对权的高度，则会严重妨碍大数据的开发、利用和交易，这对于现代社会而言无疑也是灾难性的。

《个人信息保护法》同《宪法》是紧密相连的。《宪法》是国家的根本法。为保证公民行使《宪法》规定的各项基本权利，《个人信息保护法》的制定也应遵循《宪法》。保护个人信息不被国家、数据公司等信息处理者侵害，一直是个人信息保护领域的一个重要课题。前者是典型的公法问题，争议不大，而后者由于信息主体与数据企业都是私人主体，因此被认为应当纳入私法调整范畴。但是，在数据公司能够对信息主体实施隐性强制与支配的情况下，将其纳入公法调整范围也是合理的，从而为从私法与公法两个角度构建理论提供了可能。

《个人信息保护法》是我国《宪法》对个人信息保护的基本权利的一种概念性表达。至于如何构建以这一基本权利为核心的国家保护义务，数字化治理时代下，为了履行必要的公共服务功能，信息主体除了收集、处理个人信息外，还要面对"强有力的、有组织的"信息处理组织。为全面落实这一基本权利，国家不仅有责任尊重个人信息，不干涉个人安宁，而且要以积极的保障方式支持个人在处理个人信息时的尊严损失。基于对"数据权力"这一侵权风险来源的控制，一方面要避免对个人信息的过度介入；另一方面，应从制度保障、组织保障和程序保障、防范侵害义务等方面构建个人信息保护制度生态。

进一步研究《个人信息保护法》能够看到其中许多涉及公共利益的条款。例如，关于处理个人信息的基本原则。第五条明确处理个人信息应遵循合法、正当、必要和诚实信用原则。合法、正当和必要的原则已经提出了平衡私权和公共利益的要求。另如关于知情同意规则的例外情形。第十三条第3-5项规定了处理个人信息知情同意原则的例外，即为履行法定职责或者法定义务所必需，为应对突发公共卫生事件或者紧急情况下为保护自然人的生命健康和财产安全所必需，为公共利益实施新闻报道、舆论监督等行为。其中，履行法定职责和义务多与公共利益相关；突发公共卫生事件本身即为公共利益议题；而紧急情况下保护自然人生命健康和财产安全，因涉及不特定受保护对象，也具有公共属性；至于新闻报道和舆论监督已经将公共利益作为限定语。再如关于个人信息存储、提供的安全保护要求。第三十六条、第三十八条分别规定了个人信息存储和提供中的安全评估、个人信息保护认证等要求；第四十条规定了关键信息基础设施的安全保护要求；第四十二条规定了对危害国家安全、公共利益的信息处理活动的"黑名单"制度等。

(三)《个人信息保护法》是公私法互动融合的现代法律

《个人信息保护法》作为一部确立和保障个人私权的重要法律文本，标志着我国个人信息保护步入了全新的发展阶段。然而，《个人信息保护法》同时也具备显著的公法属性，在这部法律的框架下，如何妥善处理个人信息保护与公共利益之间的平衡关系显得尤为关键。在确保公共利益得以维护、社会秩序得以稳定的同时，《个人信息保护法》也致力于保障自然人的合法权益，因此，在实施过程中，公法的保护作用与私法的救济机制应当并行不悖、相辅相成，不能因强调公法保护而忽视个人信息作为民事权益的本质特征。鉴于此，在数字化治理的时代背景下，个人信息权益的保障已然离不开公法与私法的共同作用。从《个人信息保护法》的核心内涵来看，这部法律已不再局限于传统意义上的私法范畴，而是一部体现公私法交融互动特点的现代法律。

以《个人信息保护法》的实施为契机，必须平衡个人信息保护的私权性和公共性。首先，应树立保护私权即为保护公共利益的理念。虽然作为私权的个人信息与公共利益存在某种张力关系，但在现代社会特别是在中国特色社会主义制度之下，私权与公共利益并非截然对立。公共利益不仅在数量上是不特定私权之集合体，在其目的性上亦以确认、尊重和保护私权为其应有之义，此点与《宪法》《民法典》在社会制度下确认并保护私人财产权、人格权具有相同的法理逻辑。

其次，应审慎界定公共利益。如何界定公共利益历来为法律治理之难题。在实践中，应审慎界定公共利益的范围和应用场景，以《个人信息保护法》第十三条的相关规定作为界定的基本依据。同时，应明确界定公共利益的主体范围和法定程序，以及对界定争议的救济措施，防止公共利益条款过度外溢。如卫生部门为防控疫情而处理个人信息可以确定符合公共利益要求，而医药企业为研发疫苗而处理个人信息就未必符合公共利益。同样，当海量个人信息集合成的大数据成为国家经济社会发展重大决策依据的时候，也应该满足公共利益的界定，因此人口普查的制度和具体举措具有无可争议的合法性。

最后，应合理限制私人权利。考虑到现代社会的特殊性，合理限制私人权利势所难免。在以公共利益为名限制私人权利时，应遵循基本的法治原则，诸如：合法原则，应有明确的法律依据和程序性安排；比例原则，应将限制私权所造成的损害降至最低程度；法益位阶原则，根据不同法益的位阶层次，确定限制和保护的尺度，如将个人信息分为敏感信息和一般信息，则对敏感信息限制就比对一般信息限制的要求严苛得多。需要特别指出的是，即使出于公共利益的需要而合理限制个人信息，也并不意味着国家权力可以随意作为。恰恰相反，国家权力在限制个人信息的同时也承担了对个人信息更为严格的保护义务，如保密、处理个人信息不得超过必要限度等。这些互相制约的制度安排无不反映出私权保护与公共利益的辩证统一关系。

进入新时代，在积极推进中国式现代化进程中，认识和解决个人信息保护问题必须结合中国社会发展的实际状况与特征，要在公私法互动融合的制度背景下协调好个人信息保护与利用的关系。

结　语

　　未来的社会治理，人本化将会是无须言表的本质特征，它与"人民社会"互为表里又相互支撑和相互强化。人民的城市和乡村，由人民来建设，由人民来管理，最终城市和乡村都为人民提供美好生活保障，这从建设与治理两个层面共同缔造属于社会人民的"人民社会"。因此，社会治理指向的全部内涵就是"为人民"，那么，个人信息作为代表人民人格尊严和主体地位的重要权利，必须予以充分的尊重和保护。随着数字化治理能力和水平的不断提高，个人信息将会在数字化变革中被大量采集、转移和使用，而个人信息保护的发展方向和策略也必然会不断地进化与升级，包括但不限于以下方面。

　　其一，法律法规的进一步完善与国际协同。随着数字技术的快速发展，个人信息保护的法律法规将不断更新和完善，以适应新兴技术带来的挑战，如《个人信息保护法》的进一步完善，人工智能、物联网、区块链等领域的数据保护新规则。同时，国际合作与标准的统一将是趋势，促进跨境数据流动的同时保护个人隐私。

　　其二，技术驱动的保护机制。技术创新将继续在个人信息保护中扮演关键角色。比如，同态加密、零知识证明、差分隐私等高级加密技术的应用，将使数据在分析和使用过程中无须解密，从而在源头上减少泄露风险。AI和机器学习技术也将用于实时监测和预防数据滥用。

其三，隐私增强技术的普及。无论是解决数字化治理过程中个人信息的安全问题，不同主体间的信息协作、互动问题，抑或是基于数字化治理下的复杂计算、数据关联、内容分析等问题，隐私计算技术都能够从自身的特性和优势出发，提供一定的应对方案，展现出在信息保护方面的能力。

其四，企业合规文化的深化。重要互联网平台企业将持续健全个人信息保护合规制度体系，更加重视个人信息保护的合规性，将其视为企业社会责任的一部分，建立完善的隐私管理体系，加强员工培训，提升数据保护意识，从企业文化层面保障个人隐私安全。

其五，公众意识与能力提升。随着教育和宣传的加强，公众对个人信息保护的意识将持续提高，人们将更加主动地采取措施保护自己的数据，如使用强密码、警惕网络诈骗、审慎分享个人信息等。

数字化治理中的个人信息保护，需要集中政府、企业和社会公众的力量参与，构建法律规制、风险规制、技术规制互相协作的个人信息安全规制体系。展望未来，冷冰冰的算法决策不能取代个人对自我信息的控制和决定，因为这是个体和自我概念形成以及自由意志的体现，也是在信息社会里维持文明与尊严的基本方式。

参考文献

著作类

[1]〔美〕L. 德赖弗斯、保罗·拉比诺:《超越结构主义与解释学》,张建超、张静译,光明日报出版社,1992。

[2]《马克思恩格斯选集》第四卷,人民出版社,1995。

[3]〔英〕安东尼·吉登斯:《现代性与自我认同:现代晚期的自我与社会》,赵旭东、方文译,生活·读书·新知三联书店,1998。

[4]〔美〕理查德·A. 斯皮内洛:《世纪道德——信息技术的伦理方面》,刘钢译,北京:中央编译出版社,1999。

[5]台湾行政法学会:《行政法争议问题之研究》(上),台湾五南图书出版公司,2000。

[6]王泽鉴:《民法总则(增订版)》,中国政法大学出版社,2001。

[7]陈新民:《宪法基本权利之基本理论》(上),元照出版社,2002。

[8]陈新民:《宪法基本权利之基本理论》(下),元照出版社,2002。

[9]〔德〕哈贝马斯:《在事实与规范之间:关于法律和民主法治国的商谈理论》,童世骏译,生活·读书·新知三联书店,2003。

[10] 曲直：《留给隐私多大空间》，中华工商联合出版社，2003。

[11] 〔美〕阿丽塔·L. 艾伦、理查德·C. 托克音顿：《美国隐私法：学说、判例与立法》，冯建妹等编译，中国民主法制出版社，2004。

[12] 〔美〕劳伦斯·莱斯格：《代码：塑造网络空间的法律》，李旭、姜丽楼、王文英译，中信出版社，2004。

[13] 张新宝：《隐私权的法律保护（第2版）》，群众出版社，2004。

[14] 齐爱民：《个人资料保护法原理及其跨国流通法律问题研究》，武汉大学出版社，2004。

[15] 〔美〕弗里德曼：《选择的共和国——法律、权威与文化》，高鸿钧等译，清华大学出版社，2005。

[16] 段匡：《日本的民法解释学》，复旦大学出版社，2005。

[17] 王俊秀：《监控社会与个人隐私——关于监控边界的研究》，天津人民出版社，2006。

[18] 〔美〕曼纽尔·卡斯特：《网络社会的崛起》，夏铸九、王志弘等译，社会科学文献出版社，2006。

[19] 〔澳〕约翰·S. 德雷泽克：《协商民主及其超越：自由与批判的视角》，丁开杰译，中央编译出版社，2006。

[20] 周汉华：《个人信息保护法专家建议稿及立法研究报告》，法律出版社，2006。

[21] 周汉华：《个人信息保护前沿问题研究》，法律出版社，2006。

[22] 杨立新：《人格权法论》，人民法院出版社，2006。

[23] 张利：《论隐私权的法律保护》，中国法制出版社，2007。

[24] 张军：《宪法隐私权研究》，中国社会科学出版社，2007。

[25] 王利明：《民法典·人格权法重大疑难问题研究》，中国法制出版社，2007。

[26] 张秀兰：《网络隐私权保护研究》，北京图书馆出版社，2008。

[27] 马汉宝：《法律思想与社会变迁》，清华大学出版社，2008。
[28] 马俊驹：《人格和人格权理论讲稿》，法律出版社，2009。
[29] 孔令杰：《个人资料隐私的法律保护》，武汉大学出版社，2009。
[30] 周云涛：《论宪法人格权与民法人格权——以德国法为中心的考察》，中国人民大学出版社，2010。
[31] 杨开湘：《宪法隐私权导论》，中国法制出版社，2010。
[32] 沈中、许文洁：《隐私权论兼析人格权》，上海人民出版社，2010。
[33] 王秀哲等：《我国隐私权的宪法保护研究》，法律出版社，2011。
[34] 〔美〕丹尼尔·沙勒夫：《隐私不保的年代》，林铮顗译，江苏人民出版社，2011。
[35] 黄祥青、郑少华主编《利益平衡与司法公正：第二届法院院长论坛论文集》，上海财经大学出版社，2011。
[36] 《马克思恩格斯选集》第四卷，人民出版社，2012。
[37] 王利明：《法学方法论》，中国人民大学出版社，2012。
[38] 〔美〕达雷尔·M.韦斯特：《下一次浪潮：信息通信技术驱动的社会与政治创新》，廖毅敏译，上海远东出版社，2012。
[39] 〔英〕伊丽莎白·费雪：《风险规制与行政宪政主义》，沈岿译，法律出版社，2012。
[40] 〔美〕波兹曼：《技术垄断：文明向技术投降》，蔡金栋、梁薇译，机械工业出版社，2013。
[41] 张鸿霞等：《网络环境下隐私权的法律保护研究》，中国政法大学出版社，2013。
[42] 任丹丽、陈道英：《宪法与民法的沟通机制研究——以人格权的法律保护为视角》，法律出版社，2013。

[43] 王泽鉴:《人格权法:法释义学、比较法、案例研究》,北京大学出版社,2013。

[44] 沈仲衡:《价值衡量法律思维方法论》,暨南大学出版社,2014。

[45] 马特:《隐私权研究——以体系构建为中心》,中国人民大学出版社,2014。

[46] 〔美〕路易斯·D.布兰代斯等:《隐私权》,宦盛奎译,北京大学出版社,2014。

[47] 张民安:《信息性隐私权研究——信息性隐私权的产生、发展、适用范围和争议》,中山大学出版社,2014。

[48] 王忠:《大数据时代个人数据隐私规制》,社会科学文献出版社,2014。

[49] 齐爱民:《大数据时代个人信息保护法国际比较研究》,法律出版社,2015。

[50] 〔美〕迈克尔·费蒂克、戴维·C.汤普森:《信誉经济:大数据时代的个人信息价值与商业变革》,王臻译,中信出版社,2016。

[51] 高富平:《个人数据保护和利用国际规则:源流与趋势》,法律出版社,2016。

[52] 中国审判理论研究会民商事专业委员会:《民法总则条文理解与司法适用》,法律出版社,2017。

[53] 茆荣华:《民法总则司法适用与审判实务》,法律出版社,2017。

[54] 〔美〕理查德·塞勒、卡斯·桑斯坦:《助推——如何做出有关健康、财富与幸福的最佳决策》,刘宁译,中信出版社,2018。

[55] 〔德〕马克斯·卡泽尔、罗尔夫·克努特尔:《罗马私法》,田士永译,法律出版社,2018。

[56] 李爱君、苏桂梅主编《国际数据保护规则要览》，法律出版社，2018。

[57] 谢立斌、仁恺：《权利救济与人格权的宪法保障——中德比较》，中国政法大学出版社，2018。

[58] 黄薇：《中华人民共和国民法典人格权编释义》，法律出版社，2020。

[59] 石冠彬：《中华人民共和国民法典立法演进与新旧法对照》，法律出版社，2020。

[60] 王利明、程啸、朱虎：《中华人民共和国民法典人格权编释义》，中国法制出版社，2020。

[61] 罗力：《新兴信息技术背景下我国个人信息安全保护体系研究》，上海社会科学院出版社，2020。

[62] 梅宏主编《数据治理之论》，中国人民大学出版社，2020。

[63] 朱晓武、黄绍进：《数据权益资产化与监管：大数据时代的个人信息保护与价值实现》，人民邮电出版社，2020。

[64] 周佑勇、王禄生等：《智能时代的法律变革》，法律出版社，2020。

[65] 曹博：《个人信息保护案例评析》，上海人民出版社，2021。

[66] 章宁：《大数据时代个人信息保护体系构建研究》，经济科学出版社，2021。

[67] 中国信息通信研究院主编《App个人信息保护治理实践》，人民邮电出版社，2021。

[68] 个人信息保护课题组：《个人信息保护国际比较研究》，中国金融出版社，2021。

[69] 张继红、姚约茜：《"一带一路"沿线国家数据保护与网络安全法律指南》，知识产权出版社，2021。

[70] 程啸：《侵权责任法（第三版）》，法律出版社，2021。

[71] 习近平：《高举中国特色社会主义伟大旗帜 为全面建设社

会主义现代化国家而团结奋斗——在中国共产党第二十次全国代表大会上的报告》，人民出版社，2022。

［72］李劲：《大话网络安全》，人民邮电出版社，2024。

期刊类

［1］徐顽强：《"数字政府"与政府管理体制的变革》，《科技进步与对策》2001年第11期。

［2］龙卫球：《论自然人人格权及其当代进路——兼论宪法秩序与民法实证主义》，《清华法学》2002年第2期。

［3］莫于川：《公共危机管理·行政指导措施·行政应急性原则——公共危机管理中的行政指导措施引出的行政法学思考片断》，《公法研究》2005年第1期。

［4］张翔：《公共利益限制基本权利的逻辑》，《法学论坛》2005年第1期。

［5］姚辉、周云涛：《关于民事权利的宪法学思维——以一般人格权为对象的观察》，《浙江社会科学》2007年第1期。

［6］丁文：《权利限制论之疏解》，《法商研究》2007年第2期。

［7］于飞：《基本权利与民事权利的区分及宪法对民法的影响》，《法学研究》2008年第5期。

［8］朱新力、唐明良：《法治政府建设的二维结构——合法性、最佳性及其互动》，《浙江学刊》2009年第6期。

［9］王泽鉴：《人格权的具体化及其保护范围·隐私权篇》，《比较法研究》2009年第1期。

［10］董永飞、马海群：《我国政府信息公开中的权利冲突与平衡》，《图书情报工作》2010年第9期。

［11］朱岩：《社会基础变迁与民法双重体系建构》，《中国社会科学》2010年第6期。

［12］王秀哲：《身份证明与个人信息保护——我国居民身份证法

律规制问题研究》,《河北法学》2010 年第 5 期。

[13] 马艳华:《网络实名制相关法律问题探析》,《河北法学》2011 年第 2 期。

[14] 李国杰、程学旗:《大数据研究:未来科技及经济社会发展的重大战略领域——大数据的研究现状与科学思考》,《中国科学院院刊》2012 年第 6 期。

[15] 姚岳绒:《论信息自决权作为一项基本权利在我国的证成》,《政治与法律》2012 年第 4 期。

[16] 杨晓楠:《互联网实名制管理与公民个人信息的保护》,《情报科学》2012 年第 11 期。

[17] 齐恩平:《实名制政策与私权保护的博弈论》,《法学杂志》2013 年第 7 期。

[18] 孟小峰、慈祥:《大数据管理:概念、技术与挑战》,《计算机研究与发展》2013 年第 1 期。

[19] 邬贺铨:《大数据时代的机遇与挑战》,《求是》2013 年第 4 期。

[20] 王忠、殷建立:《大数据环境下个人数据隐私治理机制研究——基于利益相关者视角》,《技术经济与管理研究》2014 年第 8 期。

[21] 王利明:《民法上的利益位阶及其考量》,《法学家》2014 年第 1 期。

[22] 何治乐、黄道丽:《欧盟〈一般数据保护条例〉的出台背景及影响》,《信息安全与通信保密》2014 年第 10 期。

[23] 张新宝:《从隐私到个人信息:利益再衡量的理论与制度安排》,《中国法学》2015 年第 3 期。

[24] 张康之、向玉琼:《网络空间中的政策问题建构》,《中国社会科学》2015 年第 2 期。

[25] 杨芳:《个人信息自决权理论及其检讨》,《比较法研究》

2015 年第 6 期。

[26] 杨惟钦：《价值维度中的个人信息权属模式考察——以利益属性分析切入》，《法学评论》2016 年第 4 期。

[27] 张里安、韩旭至：《大数据时代下个人信息权的私法属性》，《法学论坛》2016 年第 3 期。

[28] 梅夏英：《数据的法律属性及其民法定位》，《中国社会科学》2016 年第 9 期。

[29] 陈鹏：《论立法对基本权利的多元效应》，《法律科学（西北政法大学学报）》2016 年第 6 期。

[30] 范为：《大数据时代个人信息保护的路径重构》，《环球法律评论》2016 年第 5 期。

[31] 孙平：《系统构筑个人信息保护立法的基本权利模式》，《法学》2016 年第 4 期。

[32] 吴伟光：《大数据技术下个人数据信息私权保护论批判》，《政治与法律》2016 年第 7 期。

[33] 任龙龙：《论同意不是个人信息处理的正当性基础》，《政治与法律》2016 年第 1 期。

[34] 匡文波、童文杰：《个人信息安全与隐私保护的实证研究——基于创新扩散理论的大数据应用视角》，《武汉大学学报（人文科学版）》2016 年第 6 期。

[35] 田海平：《"不明所以"的人类道德进步——大数据认知旨趣从知识域向道德域拓展之可能》，《社会科学战线》2016 年第 9 期。

[36] 王天思：《大数据中的因果关系及其哲学内涵》，《中国社会科学》2016 年第 5 期。

[37] 余筱兰：《信息权在我国民法典编纂中的立法遵从》，《法学杂志》2017 年第 4 期。

[38] 龙卫球：《数据新型财产权构建及其体系研究》，《政法论

坛》2017年第4期。

[39] 李谦：《人格、隐私与数据：商业实践及其限度——兼评中国cookie隐私权纠纷第一案》，《中国法律评论》2017年第2期。

[40] 丁道勤：《基础数据与增值数据的二元划分》，《财经法学》2017年第2期。

[41] 项定宜：《个人信息的类型化分析及区分保护》，《重庆邮电大学学报（社会科学版）》2017年第1期。

[42] 肖登辉、张文杰：《个人信息权利保护的现实困境与破解之道——以若干司法案例为切入点》，《情报理论与实践》2017年第2期。

[43] 李永军：《论〈民法总则〉中个人隐私与信息的"二元制"保护及请求权基础》，《浙江工商大学学报》2017年第3期。

[44] 金耀：《个人信息去身份的法理基础与规范重塑》，《法学评论》2017年第3期。

[45] 任龙龙：《个人信息民法保护的理论基础》，《河北法学》2017年第4期。

[46] 赵宏：《从信息公开到信息保护——公法上信息权保护研究的风向流转与核心问题》，《比较法研究》2017年第2期。

[47] 王锴：《论宪法上的一般人格权及其对民法的影响》，《中国法学》2017年第3期。

[48] 张玉洁：《论人工智能时代的机器人权利及其风险规制》，《东方法学》2017年第6期。

[49] 项定宜、申建平：《个人信息商业利用同意要件研究——以个人信息类型化为视角》，《北方法学》2017年第5期。

[50] 何颖：《数据共享背景下的金融隐私保护》，《东南大学学报（哲学社会科学版）》2017年第1期。

[51] 黄道丽、何治乐：《欧美数据跨境流动监管立法的"大数据

现象"及中国策略》,《情报杂志》2017 年第 4 期。

[52] 戴长征、鲍静:《数字政府治理——基于社会形态演变进程的考察》,《中国行政管理》2017 年第 9 期。

[53] 胡玉鸿:《论我国宪法中基本权利的"级差"与"殊相"》,《法律科学(西北政法大学学报)》2017 年第 4 期。

[54] 黄伟峰:《个人信息保护与信息利用的利益平衡——以朱某诉北京百度网讯科技公司隐私权案为例的探讨》,《法律适用(司法案例)》2017 年第 12 期。

[55] 方新军:《一项权利如何成为可能?——以隐私权的演进为中心》,《法学评论》2017 年第 6 期。

[56] 杨立新:《个人信息:法益抑或民事权利——对〈民法总则〉第 111 条规定的"个人信息"之解读》,《法学论坛》2018 年第 1 期。

[57] 方禹:《个人信息保护中的"用户同意"规则:问题与解决》,《网络信息法学研究》2018 年第 1 期。

[58] 叶名怡:《论个人信息权的基本范畴》,《清华法学》2018 年第 5 期。

[59] 胡文涛:《我国个人敏感信息界定之构想》,《中国法学》2018 年第 5 期。

[60] 高富平:《个人信息保护从个人控制到社会控制》,《法学研究》2018 年 3 期。

[61] 张礼洪:《人格权的民法保护及其理论的历史发展——兼议我国的立法模式选择》,《中国政法大学学报》2018 年第 4 期。

[62] 王叶刚:《个人信息收集、利用行为合法性的判断》,《甘肃社会科学》2018 年第 1 期。

[63] 鲍静、贾开:《习近平新时代信息化建设重要思想研究与阐释》,《中国行政管理》2018 年第 4 期。

[64] 陈高华、蔡其胜：《大数据环境下精准诈骗治理难题的伦理反思》，《自然辩证法通讯》2018 年第 11 期。

[65] 梁泽宇：《个人信息保护中目的限制原则的解释与适用》，《比较法研究》2018 年第 5 期。

[66] 刘玉琢：《欧盟个人信息保护对我国的启示》，《网络空间安全》2018 年第 7 期。

[67] 张翔：《国家权力配置的功能适当原则——以德国法为中心》，《比较法研究》2018 年第 3 期。

[68] 张翔：《我国国家权力配置原则的功能主义解释》，《中外法学》2018 年第 2 期。

[69] 叶敏：《个人信息商业利用的正当性与民法规则构想》，《中国高校社会科学》2018 年第 4 期。

[70] 程啸：《论大数据时代的个人数据权利》，《中国社会科学》2018 年第 3 期。

[71] 王玉林：《网络信息利用中默示许可的适用问题研究》，《情报理论与实践》2018 年第 5 期。

[72] 张新宝：《个人信息收集：告知同意原则适用的限制》，《比较法研究》2019 年第 6 期。

[73] 陆青：《个人信息保护中"同意"规则的规范构造》，《武汉大学学报（哲学社会科学版）》2019 年第 5 期。

[74] 张新宝：《〈民法总则〉个人信息保护条文研究》，《中外法学》2019 年第 1 期。

[75] 高富平、王苑：《论个人数据保护制度的源流——域外立法的历史分析和启示》，《河南社会科学》2019 年第 11 期。

[76] 王学辉、王亚栋：《行政法治中实质性公众参与的界定与构建》，《法治研究》2019 年第 2 期。

[77] 李丹林、曹然：《新媒体治理视域下的表达权规制研究》，《山东大学学报（哲学社会科学版）》2019 年第 4 期。

[78] 鲍静、贾开:《数字治理体系和治理能力现代化研究:原则、框架与要素》,《政治学研究》2019 年第 3 期。

[79] 牛宗岭:《利用大数据及区块链技术构建"政府智慧大脑"》,《人民论坛》2019 年第 33 期。

[80] 鲁佑文、马亚鑫:《信息源与风险源:大数据时代个人信息安全困境及应对》,《现代传播(中国传媒大学学报)》2019 年第 11 期。

[81] 王利明:《数据共享与个人信息保护》,《现代法学》2019 年第 1 期。

[82] 张红:《民法典之隐私权立法论》,《社会科学家》2019 年第 1 期。

[83] 刁生富、赵亚萍:《大数据时代个人数据权之被侵与保护》,《华南理工大学学报(社会科学版)》2019 年第 2 期。

[84] 李晓楠:《"数据抗疫"中个人信息利用的法律因应》,《财经法学》2020 年第 4 期。

[85] 刘士国:《人格权的三点法理探析》,《法治论坛》2020 年第 4 期。

[86] 郑维炜:《个人信息的权利属性、法理基础与保护路径》,《法制与社会发展》2020 年第 6 期。

[87] 钱继磊:《个人信息权作为新兴权利之法理反思与证成》,《北京行政学院学报》2020 年第 4 期。

[88] 程啸:《论我国民法典中个人信息权益的性质》,《政治与法律》2020 年第 8 期。

[89] 程啸:《我国民法典个人信息保护制度的创新与发展》,《财经法学》2020 年第 4 期。

[90] 阮神裕:《民法典视角下个人信息的侵权法保护——以事实不确定性及其解决为中心》,《法学家》2020 年第 4 期。

[91] 丁晓东:《个人信息的双重属性与行为主义规制》,《法学

家》2020 年第 1 期。

[92] 姜峰:《宪法私人效力中的事实与规范:一个分析框架》,《法商研究》2020 年第 1 期。

[93] 张成福、谢侃侃:《数字化时代的政府转型与数字政府》,《行政论坛》2020 年第 6 期。

[94] 郑磊:《政府在数据治理中的两种角色:政策的制定者和数据的使用者》,《探索与争鸣》2020 年第 11 期。

[95] 陈凯华、冯泽、孙茜:《创新大数据、创新治理效能和数字化转型》,《研究与发展管理》2020 年第 6 期。

[96] 鲍静、范梓腾、贾开:《数字政府治理形态研究:概念辨析与层次框架》,《电子政务》2020 年第 11 期。

[97] 吴文娱:《交通运输大数据疫情防控中个人信息法律保护对策》,《交通建设与管理》2020 年第 3 期。

[98] 刘国:《个人信息保护的公法框架研究——以突发公共卫生事件为例》,《甘肃社会科学》2020 年第 4 期。

[99] 郑佳宁:《知情同意原则在信息采集中的适用与规则构建》,《东方法学》2020 年第 2 期。

[100] 张红:《大数据时代日本个人信息保护法探究》,《财经法学》2020 年第 3 期。

[101] 李慧敏、陈光:《论数据驱动创新与个人信息保护的冲突与平衡——基于对日本医疗数据规制经验的考察》,《中国科学院院刊》2020 年第 9 期。

[102] 丁晓东:《个人信息权利的反思与重塑——论个人信息保护的适用前提与法益基础》,《中外法学》2020 年第 2 期。

[103] 商希雪:《个人信息隐私利益与自决利益的权利实现路径》,《法律科学》2020 年第 3 期。

[104] 王洪亮:《民法典与信息社会——以个人信息为例》,《政法论坛》2020 年第 4 期。

[105] 郑晓剑：《论〈个人信息保护法〉与〈民法典〉之关系定位及规范协调》，《苏州大学学报（法学版）》2021年第8期。

[106] 石佳友：《个人信息保护法与民法典如何衔接协调》，《人民论坛》2021年第2期。

[107] 树宏玲：《论个人信息权益与公共利益的平衡》，《法制与社会》2021年第3期。

[108] 郭兴利、孟立：《重大疫情防控中披露涉疫人员信息的法治遵循》，《淮阴师范学院学报（哲学社会科学版）》2021年第2期。

[109] 牛建军、汤志贤：《韩国个人信息保护机制实践》，《中国金融》2021年第9期。

[110] 陈楚风：《中国宪法上基本权利限制的形式要件》，《法学研究》2021年第5期。

[111] 王贵松：《行政活动法律保留的结构变迁》，《中国法学》2021年第1期。

[112] 石佳友：《个人信息保护法与民法典如何衔接协调》，《人民司法》2021年第1期。

[113] 王锡锌、彭錞：《个人信息保护法律体系的宪法基础》，《清华法学》2021年第3期。

[114] 刘士国：《信息控制权法理与我国个人信息保护立法》，《政法论丛》2021年第3期。

[115] 程啸：《论我国个人信息保护法中的个人信息处理规则》，《清华法学》2021年第3期。

[116] 王苑：《个人信息保护在民法中的表达——兼论民法与个人信息保护法之关系》，《华东政法大学学报》2021年第2期。

[117] 张璐：《何为私密信息？——基于〈民法典〉隐私权与个

人信息保护交叉部分的探讨》,《甘肃政法学院学报》2021年第1期。

[118] 赵宏:《民法典时代个人信息权的国家保护义务》,《经贸法律评论》2021年第1期。

[119] 高富平:《个人信息处理:我国个人信息保护法的规范对象》,《法商研究》2021年第2期。

[120] 万方:《个人信息处理中的"同意"与"同意撤回"》,《中国法学》2021年第1期。

[121] 温雅婷、余江、洪志生:《数字化背景下智慧城市的治理效应及治理过程研究》,《科学学与科学技术管理》2022年第5期。

[122] 周勇:《城市治理中公众参与的价值考量与法治进路》,《重庆社会科学》2022年第5期。

[123] 翁士洪:《城市治理数字化转型的发展与创新》,《中州学刊》2022年第5期。

[124] 杨智博:《韩国〈个人信息保护法〉的最新修正及其对我国之启示》,《华南理工大学学报(社会科学版)》2022年第1期。

[125] 郁建兴、樊靓:《数字技术赋能社会治理及其限度——以杭州城市大脑为分析对象》,《经济社会体制比较》2022年第1期。

[126] 张涛:《政府数据开放中个人信息保护的范式转变》,《现代法学》2022年第1期。

[127] 李淮男:《数字化转型背景下个人信息利用与保护的平衡与优化》,《信息安全研究》2022年第7期。

[128] 王勇旗:《数字时代匿名化个人信息处理的正当性问题》,《图书馆》2022年第1期。

[129] 文丰安:《基于共同富裕的新型城镇化之路:重要性、障碍

及实现路径》,《山东大学学报（哲学社会科学版）》2022年第6期。

[130] 刘琳:《大数据时代商业数据财产权理论的勃兴与批判》,《华中科技大学学报（社会科学版）》2022年第2期。

[131] 林敏、姜慧:《联邦学习:数据交易商业化的隐私计算技术》,《数字经济》2023年第12期。

[132] 文丰安:《数字经济发展、要素配置效率与城市绿色生产效率》,《产业经济研究》2023年第3期。

[133] 文丰安:《中国式现代化进程中推进国家治理体系和治理能力现代化的特色、困境与破解路径》,《中国行政管理》2023年第10期。

[134] 李畅畅:《App个人信息保护政策困境与应对路径》,《信息安全研究》2024年第2期。

[135] 刘权:《风险治理视角下的个人信息保护路径》,《比较法研究》2024年第2期。

外文文献

[1] OttoMallmann. Computer and Civil Liberties: The Situation in the Federal Republic of Germany, in United States Senate Committee on Government Operations, Privacy and Protection of Personal Information in Europe, United States Government Printing Office, 1975, pp. 90-91.

[2] See Robert Post. The Social Foundation of Privacy: Community and Self in the Common Law Tort, California Law Review, 1989, Vol. 77, p. 965.

[3] Liam J. Bannon. Forgetting as a feature, not a bug: the duality of memory and implications for ubiquitous computing. CoDesign. 2006.

[4] Martin Dodge, RobKitchin. 'Outlines of a World Coming into Existence': Pervasive Computing and the Ethics of Forgetting. Environment and Planning B: Planning and Design. 2007.

[5] Richard A. Posner. Privacy, Surveillance, and Law. The University of Chicago Law Review. 2008 (1).

[6] Law, Technology, and Shifting Power Relations. Berkeley Technology Law Journal. 2010.

[7] Andrew W. Appel. Security Seals on Voting Machines. ACM Transactions on Information and System Security (TISSEC). 2011.

[8] Mark D. Ryan. Cloud computing privacy concerns on our doorstep. Communications of the ACM. 2011.

[9] Privacy on the Books and on the Ground. Stanford Law Review. 2011.

[10] See Omer Tene. Privacy: The New Generations, International Data Privacy Law, 2011, Vol. 1, No. 1, pp. 16-25.

[11] The White House. Consumer Data Privacy in a Networked World: A Framework for Protecting Privacy and Promoting Innovation in the Global Digital Economy, J. ofPriv. and Confidentiality 2, 2012, pp. 95-142.

[12] F. T. C., Protecting Consumer Privacy in an Era of Rapid Change: Recommendations for Businesses and Policy rankers, 2012.

[13] Jef Ausloos. The 'Right to be Forgotten' -Worth remembering? Computer Law and Security Review: The International Journal of Technology and Practice. 2012.

[14] Paul DeHert, Vagelis Papakonstantinou. The proposed data protection Regulation replacing Directive 95/46/EC: A sound system for the protection of individuals. Computer Law and Security

Review: The International Journal of Technology and Practice. 2012.

[15] The EU General Data Protection Regulation: Toward a Property Regime for Protecting Data Privacy. The Yale Law Journal. 2013.

[16] Introduction: Privacy Self-management andThe Consent Dilemma. Harvard Law Review. 2013.

[17] Mayer-Schonberger, Viktor, Kenneth Cukier. Big Data: A Revolution That Will Transform How We Live, Work and Think. Houghton Mifflin Harcourt, 2013.

[18] Mireille Hildebrandt and Laura Tielemans. Data Protection by Design and Technology Neutral Law. Computer law Security Review, 2013. Vol, p. 29.

[19] Omer Tene & JulesPolonetsky. Big Data for All: Privacy and User Control in the Age of Analytics, 11 Nw. J. Tech. & Intel. Prop. 2013, p. 256.

[20] MariaTzanou. Data Protection as a Fundamental Right Next to Privacy? 'Reconstructing' a Not So New Right. International Data Privacy LawVol. 3, 2013.

[21] The World Economic Forum, Rethinking Personal Data: Trust and Context in User-Centered DataEcosystems, 2014.

[22] Reconciling Personal Information in the United States and European Union. California Law Review. 2014.

[23] Default entitlements in personal data in the proposed Regulation: Informational self-determination off the tabl...and back on again? Nadezhda Purtova. Computer Law & Security Review: The International Journal of Technology Law and Practice. 2014.

[24] JudithRauhofer. 'Look to yourselves, that we lose not those

221

things which we have wrought. ' What do the proposed changes to the purpose limitation principle mean for public bodies' rights to access third-party data? International Review of Law, Computers & Technology. 2014.

[25] Paul Bernal. Internet Privacy Rights: Rights to Protect Autonomy [M]. Cambridge University Press, 2014, pp. 29-30.

[26] MohammadHaghighat, Saman Zonouz, Mohamed Abdel-Mottaleb. Cloud ID: Trustworthy cloud-based and cross-enterprise biometric identification. Expert Systems with Applications. 2015.

[27] Disagreeable Privacy Policies: MismatchesBetween Meaning and Users' Understanding. Berkeley Technology Law Journal. 2015.

[28] Susan Landau. Control use of data to protect privacy, 347: 6221 Sci. Issue, 2015, p. 504.

[29] Mittelstadt, B. D. P. Allo, M. Taddeo S. Wachter, and L. Florid. The Ethics of Algorithms: MApping the Debate. Big Data & Society, July-December, 2016.

[30] Paul Voigt & Axel von dem Buss Che, The EU General Data Protection Regulation (GDPR): A Practical Guide, Springe, 2017, p. 16.

[31] MariaTzanou. The Fundamental Right to Data Protection: Normative Value in the Context of Counter-Terrorism Surveillance. Bloomsbury Publishing, 2017.

[32] Natalie Ram, Tiered Consent and the Tyranny of Choice. JURIMETRICS Vol. 48, 2018.

[33] ChristopherKuner, Lee A. Bygrave & Christopher Docksey eds., The Eu General Data Protection Regulation (GDPR): A Commentary, Oxford University Press, 2020, p. 330.

图书在版编目(CIP)数据

数字化治理下的个人信息保护 / 文丰安著 . --北京：社会科学文献出版社，2025.1. --ISBN 978-7-5228-4511-1

Ⅰ.D923.74

中国国家版本馆 CIP 数据核字第 2024PB0937 号

数字化治理下的个人信息保护

著　　者 / 文丰安

出 版 人 / 冀祥德
责任编辑 / 陈　雪　连凌云
责任印制 / 王京美

出　　版 / 社会科学文献出版社·皮书分社（010）59367127
　　　　　 地址：北京市北三环中路甲 29 号院华龙大厦　邮编：100029
　　　　　 网址：www.ssap.com.cn
发　　行 / 社会科学文献出版社（010）59367028
印　　装 / 三河市东方印刷有限公司

规　　格 / 开 本：787mm×1092mm　1/16
　　　　　 印 张：14.25　字 数：184 千字
版　　次 / 2025 年 1 月第 1 版　2025 年 1 月第 1 次印刷
书　　号 / ISBN 978-7-5228-4511-1
定　　价 / 98.00 元

读者服务电话：4008918866

▲ 版权所有 翻印必究